# NOUVELLES TABLES HISTORIQUES DRESSÉES PAR ORDRE DU ROY POUR L'USAGE DE MONSEIGNEUR LE DAUPHIN,

*Par Mr I. ROY, Advocat au Parlement.*

OUVRAGE TRES-COMMODE POUR L'INTELLIGENCE de l'Histoire universelle, tant ancienne que moderne, Sainte que prophane, & dans toutes les parties du Monde, depuis sa Creation jusqu'à present, & divisé en huit Tables.

La premiere, Contenant l'Estat du Monde sous les Patriarches & Iuges, le Royaume des Assyriens, & les premiers Estats de Grece.

La 2e. La Monarchie des Babiloniens, les Royaumes de Iuda & d'Israël, & autres Estats cõtemporains.

La 3e. La Monarchie des Perses en Cyrus, & les autres Estats contemporains.

La 4e. La Monarchie des Grecs en Alexandre le Grand, &c.

La 5e. La Monarchie des Romains en Iules & Auguste Cesars, &c.

La 6e. Les deux Empires d'Orient & d'Occident, & la Monarchie Françoise en Pharamond, &c.

La 7e. L'Empire de Charlemagne, & la Monarchie d'Espagne en D. Fernand, &c.

La 8e. & derniere, L'Empire des Latins ou François à Constantinople, jusqu'à celuy de Louys le Grand, & ses fameuses Conquestes dans les trois dernieres années.

*Ensemble les conciliations de la Chronologie, les quatre Patriarchats d'Orient, les usages de l'Eglise, les Persecutions, Ordres, Schismes & Heresies, les Conciles & Peres ; La deduction des Epoques generales ; Le denombrement des Hommes Illustres, tant aux Armes qu'aux Lettres ; L'origine, les progrez & la chûte des principales Maisons de l'Europe, & la genealogie, les pretentions & les Alliances de tous les Roys & Princes.*

A PARIS,
Au Faux-bourg Saint Germain, Ruë Mazarine ou des quatre Nations, vis à vis celle de Guenegaud, joignant les Comediens, chez le Sieur Ferdinand.

Et chez François de la Pointe, sur le Quay qui regarde la Megisserie, du costé du Cheval de Bronze.

*Avec Privilege du Roy pour dix ans. 1675.*

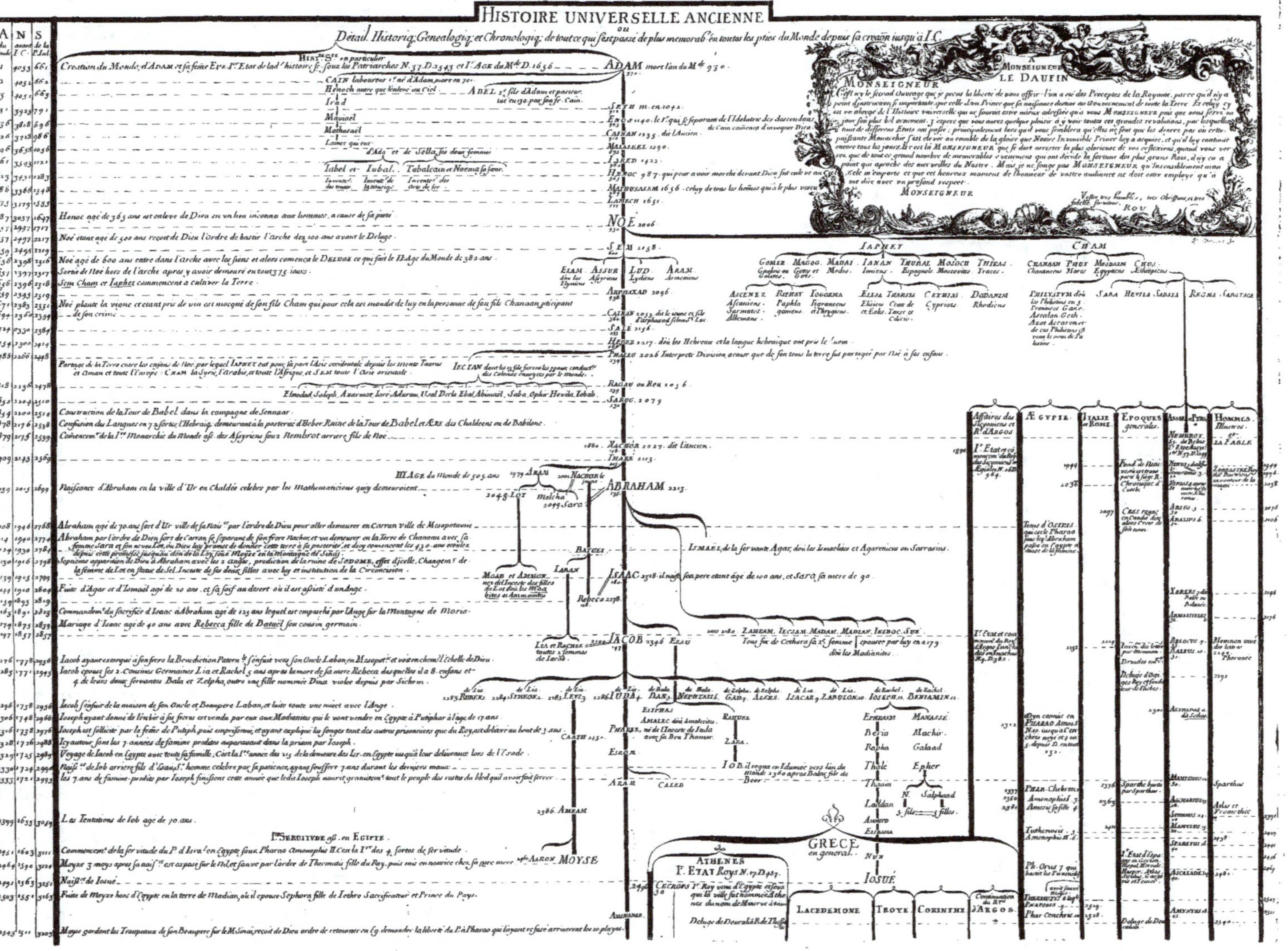

# HISTOIRE UNIVERSELLE ANCIENNE

ou

*Détail Historiq. Genealogiq. et Chronologiq. de tout ce qui s'est passé de plus memorab. en toutes les p<sup></sup>ties du Monde depuis sa creaõn iusqu'à I.C.*

HIST.<sup></sup> S.<sup></sup> en particulier

| ANS du Monde | avant I.C. | de la P. Iul. | |
|---|---|---|---|
| 1 | 4053 | 661 | Creation du Monde, d'ADAM et sa feme EVE. I.r Etat de lad.e histoire s.e souz les Patriarches N. 37. D. 2543 et I.r AGE du M.de D. 1656 — ADAM mort l'an du M.de 930. |
| 2 | 4052 | 662 | CAIN laboureur 1.r né d'Adam, mort en 70. |
| 3 | 4051 | 663 | Henoch autre que lenlevé au Ciel. — ABEL 2.e fils d'Adam et pasteur, tué en 130 par son fr. Cain. |
| 131 | 3923 | 791 | SETH m. en 1042. |
| 236 | 3818 | 896 | ENOS 1140. le I.r qui se separant de l'Idolatrie des descendans de Cain comença d'invoquer Dieu. |
| 326 | 3728 | 986 | CAINAN 1235. dit l'Ancien. |
| 396 | 3658 | 1056 | MALALEEL 1290. |
| 461 | 3593 | 1121 | IARED 1422. |
| 623 | 3431 | 1283 | HENOC 987. qui pour avoir marché devant Dieu fut enlevé au Ciel. |
| 686 | 3368 | 1348 | MATHUSALEM 1656. celuy de tous les hoṁes qui a le plus vecu. |
| 875 | 3179 | 1535 | LAMECH 1651. |
| 987 | 3057 | 1647 | Henoc agé de 365 ans est enlevé de Dieu en un lieu inconnu aux hommes, a cause de sa pieté. |
| 1057 | 2997 | 1717 | NOÉ 2006. |
| 1557 | 2497 | 2217 | Noé etant agé de 500 ans recoit de Dieu l'ordre de bastir l'arche dez 100 ans avant le Deluge. |
| 1559 | 2495 | 2219 | SEM 2158. |
| 1656 | 2398 | 2316 | Noé agé de 600 ans entre dans l'arche avec les siens et alors comença le DELUGE ce qui fait le II. Age du Monde de 382 ans. |
| 1657 | 2397 | 2317 | Sortie de Noé hors de l'arche apres y avoir demouré en tout 375 iours. |
| 1658 | 2396 | 2318 | Sem Cham et Iaphet commencent a cultiver la Terre. |
| 1659 | 2395 | 2319 | ARPHAXAD 2096. |
| 1671 | 2383 | 2331 | Noé plante la vigne et etant pris de vin est mocqué de son fils Cham qui pour cela est maudit de luy en la persanne de son fils Chanaan p<sup></sup>ticipant de son crime. |
| 1694 | 2360 | 2354 | CAINAN 2053. dit le ieune et fils d'Arphaxad selon S.t Luc. |
| 1724 | 2330 | 2384 | SALE 2156. |
| 1754 | 2300 | 2414 | HEBER 2217. d'où les Hebreux et la langue hebraique ont pris le nom. |
| 1788 | 2266 | 2448 | PHALEG 2026 Interprete Division, a cause que de son tems la terre fut partagée par Noé à ses enfans. — Partage de la Terre entre les enfans de Noé par lequel IAPHET eut pour sa part l'Asie occidentale depuis les Monts Taurus et Aman et toute l'Europe: CHAM la Syrie, l'Arabie, et toute l'Afrique, et SEM toute l'Asie orientale. — IECTAN dont les 13 fils furent les p<sup></sup>miers conduct.rs des Colonies envoyées par le Monde: Elmodad, Saleph, Azarmot, Iare, Aduram, Usal, Decla, Ebal, Abimael, Saba, Ophir, Hevila, Iobab. |
| 1818 | 2236 | 2478 | RAGAU ou REU 2056. |
| 1850 | 2204 | 2510 | SARUG. 2079. |
| 1854 | 2200 | 2514 | Construction de la Tour de Babel dans la compagne de Sennaar. |
| 1878 | 2176 | 2538 | Confusion des Langues en 72 sortes, l'Hebraiq. demeurant à la posterité d'Heber. Ruine de la Tour de Babel et ÆRE des Chaldeens ou de Babilone. |
| 1879 | 2175 | 2539 | Comencem.t de la I.re Monarchie du Monde ass. des Assyriens souz Nembrot arriere fils de Noé. — 1880. NACHOR 2027. dit l'ancien. |
| 1909 | 2145 | 2569 | THARE 2113. |
| 2039 | 2015 | 2699 | III. AGE du Monde de 505 ans. — Naissance d'Abraham en la ville d'Ur en Chaldée celebre par les Mathematiciens quy demeuroient. — ABRAHAM 2213. |
| 2108 | 1946 | 2768 | Abraham agé de 70 ans sort d'Ur ville de sa Nais.ce par l'ordre de Dieu pour aller demeurer en Carran ville de Mesopotamie. |
| 2114 | 1940 | 2774 | Abraham par l'ordre de Dieu sort de Carran se separant de son frere Nachor, et va demeurer en la Terre de Chanaan avec sa femme Sara et son neveu Lot, où Dieu luy promet de donner cette terre à sa posterité, et dicy comencent les 430 ans ecoulez |
| 2124 | 1930 | 2784 | depuis cette promesse jusqu'au don de la Loy souz Moyse en la Montagne de Sinaï. |
| 2130 | 1916 | 2798 | Septieme apparition de Dieu à Abraham avec les 2 Anges, prediction de la ruine de SODOME, effet d'icelle, Changem.t de la femme de Lot en statue de Sel. Inceste de ses deux filles avec luy et institution de la Circoncision. |
| 2139 | 1915 | 2799 | ISAAC 2318. il naist, son pere etant agé de 100 ans, et Sara sa mere de 90. |
| 2144 | 1910 | 2804 | Fuite d'Agar et d'Ismaël agé de 20 ans. et sa soif au desert où il est assisté d'un Ange. |
| 2159 | 1895 | 2819 | |
| 2163 | 1891 | 2823 | Commandem.t du sacrifice d'Isaac à Abraham agé de 125 ans lequel est empesché par l'Ange sur la Montagne de Moria. |
| 2179 | 1875 | 2839 | Mariage d'Isaac agé de 40 ans avec Rebecca fille de Batuël son cousin germain. |
| 2197 | 1857 | 2857 | JACOB 2346. ESAU. |
| 2276 | 1778 | 2936 | Iacob ayant extorqué à son frere la Benediction Patern.le s'enfuit vers son Oncle Laban en Mesopot.e et voit en chem.t l'Echelle de Dieu. |
| 2285 | 1771 | 2945 | Iacob epouse ses 2 Cousines Germaines Lia et Rachel 5 ans apres la mort de sa mere Rebeca desquelles il a 8 enfans et 4 de leurs deux servantes Bala et Zelpha, outre une fille nommée Dina violée depuis par Sichem. |
| 2296 | 1758 | 2956 | Iacob s'enfuit de la maison de son Oncle et Beaupere Laban, et luite toute une nuict avec l'Ange. |
| 2306 | 1748 | 2966 | Ioseph ayant donné de l'envie à ses freres est vendu par eux aux Madianites qui le vont vendre en Egypte à Putiphar à l'age de 17 ans. |
| 2316 | 1738 | 2976 | Ioseph est sollicité par la feme de Putiph. puis emprisonné, et ayant expliqué les songes tant des autres prisonniers que du Roy, est delivré au bout de 3 ans. |
| 2328 | 1726 | 2988 | Icy autour sont les 7 années de famine predites auparavant dans la prison par Ioseph. |
| 2329 | 1725 | 2989 | Voyage de Iacob en Egypte avec toute sa famille; C'est la I.re année des 215 de la demeure des Isr. en Egypte iusqu'à leur delivrance lors de l'Exode. |
| 2330 | 1724 | 2990 | Naiss.ce de Iob arriere fils d'Esau, S.t homme celebre par sa patience, ayant souffert 7 ans durant les derniers maux. |
| 2333 | 1721 | 2993 | les 7 ans de famine predits par Ioseph finissent cette année que ledit Ioseph nourit gratuitem.t tout le peuple des restes du bled quil avoit fait serrer. |
| 2399 | 1655 | 3059 | Les Tentations de Iob agé de 70 ans. |
| | | | I.re SERVITUDE ass. en EGIPTE. |
| 2451 | 1603 | 3111 | Commencem.t de la servitude du P. d'Isra.l en Egypte souz Pharao Amenophis II. C'est la I.re des 4 sortes de servitude. |
| 2464 | 1590 | 3124 | Moyse 3 moys apres sa naiss.ce est exposé sur le Nil, et sauvé par l'ordre de Thermutis fille du Roy, puis mis en nourice chez sa p<sup></sup>pre mere. — AARON. MOYSE. |
| 2491 | 1563 | 3151 | Naiss.ce de Iosué. |
| 2503 | 1551 | 3163 | Fuite de Moyze hors d'Egypte en la terre de Madian, où il epouse Sephora fille de Iethro Sacrificateur et Prince du Pays. |
| 2543 | 1511 | 3203 | Moyse gardant les Troupeaux de son Beaupere sur le M. Sinaï, recoit de Dieu ordre de retourner en Eg. demander la liberté du P. à Pharao qui l'ayant refusé arriverent les 10 playes. |

Descendants of Cain: CAIN, Henoch, Irad, Maviaël, Mathusaël, Lamec qui eut d'Ada et de Sella ses deux femmes: Iabel et Iubal, Tubalcain et Noema sa sœur. Iabel inventeur des tentes; Iubal inventeur de la musiq.; Tubalcain inventeur des arts de fer.

Sons of Sem: ELAM d'où les Elymiens; ASSUR Assyriens; LUD Lydiens; ARAM Armeniens.

IAPHET: GOMER Gaulois ou Galates; MAGOG Getes et Gots; MADAI Medes; IAVAN Ioniens; THUBAL Espagnols; MOSOCH Moscovites; THIRAS Traces. — ASCENEZ Ascaniens, Sarmates, Allemans; RIPHAT Paphlagoniens; TOGORMA Tigraniens et Phrygiens; ELISA Eliens et Eolis; THARSIS Ceux de Tarse et Cilicie; CETHIM Cypriots; DODANIM Rhodiens.

CHAM: CHANAAN Chananéens; PHUT Mores; MESRAIM Egyptiens; CHUS Æthiopiens. — PHILISTYM d'où les Philistins en 5 Provinces Gaza, Ascalon, Geth, Azot, Accaron et de ces Philistins est venu le nom de Palestine; SABA, HEVILA, SABATA, REGMA, SABATACA.

Family of Abraham: 1979 ARAM; 2001 NACHOR le jeune; 2048 LOT; Melcha; 2049 Sara; BATUEL; LABAN; Rebeca 2278; MOAB et AMMON nez de l'Inceste des filles de Lot d'où les Moabites et Ammonites; ISMAEL de la servante Agar, d'où les Ismaëlites et Agareniens ou Sarrasins; ZAMRAM, IECSAM, MADAM, MADIAN, IESBOC, SUE: Tous fils de Cethura sa 2.e femme epousée par luy en 2179, d'où les Madianites; LIA et RACHEL toutes 2 femmes de Iacob.

Sons of Iacob: de Lia 2283 RUBEN 1; de Lia 2284 SIMEON 2; de Lia 2285 LEVI 3; de Lia 2286 IUDA 4; de Bala DAN 5; de Bala NEPHTALIS 6; de Zelpha GAD 7; de Zelpha ASER 8; de Lia ISACAR 9; de Lia ZABULON 10; de Rachel IOSEPH 11; de Rachel BENIAMIN 12.

CAATH 2150. 2386 AMRAM. ELIPHAS, AMALEC d'où les Amalecites. RAHUEL, ZARA. PHARES né de l'Inceste de Iuda avec sa Bru Thamar. ESROM. ARAM. CALEB. AMINADAB. IOB il regna en Idumée vers l'an du Monde 2360 apres Balac fils de Beor. EPHRAIM, Beria, Rapha, Thale, Thaan, Laddan, Ammiud, Elisama, Nun, IOSUÉ. MANASSÉ, Machir, Galaad, Epher, N., Salphaad, 5 fils, 5 filles.

GRECE en general: ATHENES, I.r ETAT Roys N. 17 D. 487; 2496 CECROPS I.r Roy venu d'Egypte, et sous qui la ville fut nommée Athenes du nom de Minerve Athena; Deluge de Deucalion et de Thess.; LACEDEMONE; TROYE; CORINTHE; Continuation du R.me d'ARGOS.

| Affaires des Sicyoniens et R. d'Argos | Ægypte | Italie et Rome | Epoques generales | Assyr. et Pers. | Hommes Illustres et la Fable |
|---|---|---|---|---|---|
| 1890 I.r Etat et comencem.t du Roy.e des Sicyoniens, Ægialee N. 26 D. 964. I.r Etat et comencem.t du Roy.e d'Argos souz Inachus N. 9 D. 382. | Tems d'Osiris qui est le Pharao sous leq.l Abraham passa en Egypte à cause de la famine. 2312 Dyn. connüe en Pharao Amosis... 232. 2337 PHAR. Chebron; 2360 Amenophis I. 3; 2381 Amosis sa fille 4. Tuthenosis 5. Amenophis II. 6. Ph. Orus 7 qui bastit les Pyramides. Thermutis 8 laq.lle avoit sauvé Moyse. Phatores 9. 2519. Phar Cenchris 10. 2528. | | 1944 Fond.n de Ninive... 2038 Chronique de Castor. 2097 Cres regne en Candie... 2224 Inven.n des lettres par Memnon. Druides en Fr. Deluge d'Ogiges Roy et fondateur de Thebes. 2336 Sparthe bastie par Sparthus. I.r Etat d'Espagne en Gerion... Deluge de Deucalion. | NEMBROT. Belus. Ninus. Semiramis. Ninias. Arius. Aralius. Xerxes. Armamitres. Belochus. Baleus. Altadas. Mamitus. Mancaleus. Sphaerus. Mamylus. Sparetus. Ascalades. Amyntes. | Zoroastre Roy des Bactriens inventeur de la magie. Memnon inventeur des lettres. 2244 Phoronee. 2291. Sparthus. Atlas et Promethee. 2438. 2481. 2540. |

A MONSEIGNEUR LE DAUFIN

MONSEIGNEUR

C'est icy le second Ouvrage que je prens la liberté de vous offrir: l'un a eté des Preceptes de la Royauté, parce qu'il n'y a point d'instruction si importante que celle d'un Prince que sa naissance destine au Gouvernement de toute la Terre. Et celuy cy est un abregé de l'Histoire universelle qui ne sçauroit estre mieux adressé qu'à vous MONSEIGNEUR puis que vous serez un jour son plus bel ornement. J'espere que vous aurez quelque plaisir à y voir toutes ces grandes revolutions, par lesquelles tant de differens Etats ont passé; principalement lors qu'il vous semblera qu'elles ne sont que les degrez par où cette puissante Monarchie s'est elevée au comble de la gloire que Nostre Invincible Prince luy a acquise, et qu'il luy continue encore tous les jours. Et c'est là MONSEIGNEUR que se doit arrester la plus glorieuse de vos reflexions, quand vous verrez que de tout ce grand nombre de memorables evenemens qui ont decidé la fortune des plus grans Rois, il n'y en a point qui aproche des merveilles du Nostre. Mais je ne songe pas MONSEIGNEUR qu'insensiblement mon Zele m'emporte et que cet heureux moment de l'honneur de vostre audiance ne doit estre employé qu'à me dire avec un profond respect.

MONSEIGNEUR

Vostre tres humble, tres Obeissant et tres fidelle serviteur. ROU

## EXODE, ou sortie d'Egypte. IIe ETAT soux MOYSE. D. 40 ans. et IV. AGE du Monde. D. 479.

2544 | 1520 | 3204 Institution de la Pasque, Sortie d'Egypte; Colonne de feu Guide du P. d'Israel; Separation des eaux de la Mer Rouge. Noyement de Pharao et son armée. Stations et murmure du P. Don de la Manne, Frappem.t du Rocher d'horeb dou sortit de leau: Combat de Iosué contre les Amalecites, Loy en 2 tables de la pr.re main de Dieu; Veau dor. etc.

2545 | 1509 | 3205 Tabernacle Vases S.ts habits sacerdotaux, Benediction du P. par Moyse, Sacre d'Aaron: Depart de la m. de Sinai 12.e des 42 stations, et Envoy des Espions en Canaan.

2555 | 1499 | 3215 Trente autres Stations du Peuple dans sa peregrination au desert.

2583 | 1471 | 3243 Murmure du P. degouté de la Manne, et sa punition par les piqueures des serpens brul.s gueries en suite par le regard de celuy d'airain. etc.

2584 | 1470 | 3244 Miracle de l'asnesse parlante du Devin Balaam Mort de Moyse. Passage du Iordain à pied sec soux Iosué. Entrée en Canaan Renversem.t des Murs de Ierico au seul son des trompetes Pillage de cette ville Tromperie des Gabaonites. Combat contre les 5 Roys ou se fait le Miracle de l'arrest du soleil et de la Lune à la seule parole de Iosué Ier Iuge d'Israel. Ce qui fait le 3e Etat.

## III. ETAT IUGES. N. 16. D. 378.

IOSUÉ Ier Iuge qui l'an suivant desfait IABIN Roy d'Azor faisant couper les jarrets des Chevaux ennemis, puis prend possession de la Terre Promise. 17

2589 | 1465 | 3249 Partage de la Terre promise entre les Enfans d'Israel par Iosué.

2595 | 1459 | 3255 Commencem.t de la Ire année Sabbatique c'est à dire du repos des terres.

2601 | 1453 | 3261 OTHONIEL 2 de la Lignée de Iuda, succede à Iosué qui mourut l'an precedant. 40.

IIe des 4 sortes de SERVITVDE scavoir en CANAAN au nombre de six.

2615 | 1439 | 3283 Ire Servitude sous Cusan Roy de Mesopot. D. 8 Ans finissant soux Othoniel en 2631.

2637 | 1417 | 3297 Commencem.t du Ier Iubilé ou 7e An sabbatiq.

2641 | 1413 | 3301 AOD 3. de Benjamin. 80

2651 | 1403 | 3311 IIe Servitude soux Eglon Prince des Moabites D. 18. Ans finissant soux Aod en 2669.

2720 | 1334 | 3380 SANGAR 4 qui tua 600 Philistins d'un soc de Charue. IIIe Servitude soux Iabin Roy des Cananeens D. 20 finiss.t soux Barac et Debora en 2740.

DEBORA et BARAC 5. la Profetesse Debora sur la fin de cette année ou au comencem.t de lautre, Iuge le P. d'Israel sous un palmier en la montagne d'Ephraim. 40

2740 | 1314 | 3400 Debora et Barac desfont l'armée de Sizara chef de l'armée de Iabin, et Iahel le tué d'un Clou.

2761 | 1293 | 3421 GEDEON 6. fameux par le Miracle de sa Toison. 40 IVe Servitude soux les Madianites D. 7 finissant en 2768, soux ledit Gedeon.

2801 | 1253 | 3461 ABIMELEC 7 fils de Gedeon usurpe la Iudicature sur le P. et fait mourir 70 de ses freres, le seul Ionathan se sauvant de ce massacre, mais 2 ans apres les Sichimites se soulevant contre luy, il se fit percer d'une epée par son Escuyer. 3

2804 | 1250 | 3464 THOLA 8. 23.

2810 | 1244 | 3470

2827 | 1227 | 3487 IAIR 9. de la Tribu de Manassé. 22

2832 | 1222 | 3492 V Servitude sous les Ammonites D. 18. finissant en 2849 soux Iephté.

2833 | 1221 | 3493

2835 | 1219 | 3495

2836 | 1218 | 3496

2845 | 1209 | 3505

2849 | 1205 | 3509 IEPHTE 10 qui ayant finy la 5e Servitude par la desfaite des Amonites fit mourir sa propre fille selon le voeu quil avoit fait de sacrifier la Ire chose qui se presenteroit devant luy. 6

2854 | 1200 | 3514

2855 | 1199 | 3515 ABESAN 11. 7.

2860 | 1194 | 3520 VI. et dern. Servitude soux les Philistins, D. 40. finissant en 2899 soux Samson.

2862 | 1192 | 3522 AJALON 12 ou Elon 12. 10

2864 | 1190 | 3524

2870 | 1184 | 3530

2871 | 1183 | 3531

2872 | 1182 | 3532 ABDON 13. Celebre par ses 40 fils et 30 petits fils. 8.

2874 | 1180 | 3534

2878 | 1176 | 3538

2879 | 1175 | 3539 Samson allant se marier chez les Philistins tüe un Lion, propose son Enigme, se vange des Philistins, et tue 30 Ascalonites.

2880 | 1174 | 3540 SAMSON 14 met le feu aux bleds des Philistins par le moyen de 300 queues de Renards, et tue mille des leurs avec une Machoire d'asne. 20

2886 | | 3546

2898 | 1156 | 3558 Histoire de Samson et de Dalila qui luy ayant coupé les Cheveux et par consequent osté sa force le livre aux Philistins.

2899 | 1155 | 3559 Renversement des Colonnes du Temple de Dagon par les seuls bras de Samson qui y est accablé avec tous les Philistins; et delivrance de la derniere Servitude.

2900 | 1154 | 3560 HELI 15. 40.

2904 | 1150 | 3564

2916 | 1138 | 3576

2939 | 1115 | 3599 Ophni et Phinées enfans d'Heli sont tuez par la vengence Divine pour leurs sacrileges et l'arche tombe au pouvoir des Philistins.

2940 | 1114 | 3600 SAMUEL 16 et dernier soux la Iudicature duquel Dieu fait paroistre sa puissance au sujet de l'arche devant qui la Statue de Dagon est renversée et brisée. 22

2948 | 1106 | 3608

2950 | 1104 | 3610 Naissance de David.

2951 | 1103 | 3611

2952 | 1102 | 3612

## IV. ETAT soux les ROYS en SAUL. N. 23. D. 484.

2962 | 1092 | 3622 SAUL est oint Ier Roy par Samüel, le P. ayant voulu à toute force en avoir un S.t Paul luy donne 40 ans de Regne contant les 22 de la Iudicature de Samuel. 18

2969 | 1085 | 3629 David âgé de vingt ans est sacré Roy par le Prophete Samuel, mais ne regne pourtant pas encore.

2971 | 1083 | 3631 David tue le Geant GOLIAT Chef des Philistins, et 6 ans apres le P.phete Samuel mourut.

2972 | 1082 | 3632

2979 | 1075 | 3639 DAVID 2e Roy des Hebreux succede cette année à Saül qui se fait percer le corps de son epée par son Escuyer. 42

2987 | 1067 | 3647

2998 | 1056 | 3658 Adultere de David avec Bersabée, et meurtre d'URIE suiviz de la famine de 3 ans apres quoy il epouse lad. Bersabée, et en a Salomon.

2999 | 1055 | 3659

3000 | 1054 | 3660 Naissance de Salomon, environ leq.l temps se fit le denombrem.t du P. qui deplaist à Dieu pourquoy choix des 3 fleaux. Sc. horrible Peste dur. 3 iours.

3004 | 1050 | 3664

3010 | 1044 | 3670

3017 | 1037 | 3677

3021 | 1033 | 3681 SALOMON 3 succede cette année à son Pere David et l'an suivant rend ce fameux Iugement entre les deux meres au sujet d'un enfant mort.

Margin: NAASSON — 2591 SALMON — BOOZ — OBED — IESSE ou Isaj — DAVID — SALOMON

---

2546 CRANAUS 2. — Instit.on de l'Areopage qui seoit d'Athenes.
AMPHICTION 3 fils de Deucalion institut.r du senat et loix des Amphictions.
2565 ERICTONIUS 4. 50.
2605 — 2615 PANDION 5 et ses filles Philomele et Progné. 40.
2643 — 2635 ERICHTEE 6. Fuite de Phrixus et d'Hellé. 2693 Ieux Isthmiques par Pelops.
CECROPS II 7. 2710 — 2731 Ieux Olimpiques de Pelops.
2745 PANDION II 8. 25
2770 ÆGÉE 9 est mis en la place de son Pere chassé par la faction des descendans de Methion. 48
2824 THESÉE 10 fameux par la mort du Minotaure et l'aide d'Ariadne. 31 — 2830
Fameuse entreprise des 7 preux devant Thebes, et histoire des enfans d'Oedipe et de Iocaste.
Ieux Olymp. par Hercules.
2838 Desfaite des Amazones par Thesée.
MNESTHEE 11 mis en la place de Thesée à cause du ravissem.t d'Helene qui est rendue par les Athen. et mariée à Menelas frere d'Agamemnon. 16 et 12.
DEMOPHOON 12. 33.
OXYNTHES 13.
APHIDAS 14. puis THIMETES 15. 36.
Retour des Heraclides.
MELANTE 16. 9 — 2953
CODRUS 17. et dernier.

II. ETAT Arcontes perpetuels N. 13. D. 316.
2975 — 2984 MEDON Ier Arconte perpetuel son pere Codrus ayant esté tué volontairem.t pour sauver sa patrie. 20
ACASTE 2. 36.
Colonie Ioniques I.e Compagnie des Grecs menez en Asie par Nelée et Androcle fils de Codrus dern. Roy des Atheniens.

---

I. ETAT ROIS N. 13 D. 330.
2570 LELEX Ier Roy de Lacedemone qui na pris ce nom que depuis 4 ans.
MYLES 2.
EUROTAS 3.
2671
LACEDEMON 4.
AMYCLAS 5.
ARGALUS 6.
CYNORTAS 7.
OEBALUS 8.
TINDARE 9.
CASTOR et POLLUX 10.
MENELAUS 11 mary d'Helene.
ORESTES 12.
TISAMENE 13.

II. ETAT Heraclides N. 10. D. 342.
EURISTENES 1. PROCLES 1. 40 dou les deux familles Royales des Euristenides ou Agides et Proclides ou Europontides.
EURISTENIDES dits depuis Agides — PROCLIDES dits depuis Europontides
AGIS 2 dou les Agides — SOUS 2.
ECHESTRATE 3. 35.

---

Tems de Teutam
DARDAN Ier Roy et fondateur de Troye. 116 D. 296 — 31.
ERICTONIU.s 2. 65
2670 TROS 3 dou Dardanie nomme Troye.
ILUS 4 de qui Troie nommée Ilion. 54
2799 LAOMEDON 5 qui bastit les murs de Troye des tresors de Neptune et Apollon. 36
PRIAM 6. 40.
Guerre de Tr.
Ruine de Troie.

---

2613
I. ETAT SICY.: phides N. 6. D. 308.
SISYPHE 1.
ORNYTHION 2.
THOAS 3.
DAMOPHON 4.
PROPODAS 5.
DORIDAS et HIANTIDAS 6. et der.
2934
II. ETAT Heraclides N. 4. D. 144.
ALETES 1. 35
IXION 2. 37.

---

II. ET. d'ARGOS Danaides N. 5 D.
2577 DANAUS 1 venu d'Egypte d'ou il fut chassé, ses 50 filles tuent leurs maris fils de son frere Egyptus.
LYNCEE 2 seul resté des 50 fils d'Egypte. 40
ABAS 3.
PROETUS 4 ou Pretus. 17.
ACRISIUS 5 et dern.
III. ET. d'ARGOS Mycenéis N. 8 D.
2742 PERSÉE 2 qui ayant tué par megarde son grand pere Acrisius transporte le siege à Micenes. 57
2799 STHENELUS 2. 8.
EURISTHÉE 3 qui obligea Hercules à tous ses fameux travaux. 42
2846 ATRÉE 4 fils de Pelops et Hippodamie.
AGAMEMNON 5. 17.
AEGISTE 6 ayant tué Agamemnon espouse sa femme Clitemnestre. 7
ORESTES 7 venge son pere tuant Egiste et sa mere Clitemnestre. 70
TISAMENE et PENTILE 8.
IV. ETAT Heraclides N. 6. D. Incertain.
CTESIPHON. mais come on ne scait plus rien de cette histoire nous la finirons icy.

---

Conchris noyé.
2566
2621
IIe Dyn. Diospolites connus en Sethos etc. N. 5 D. 203.
2722
2746
2763
2799
IIIe Dyn. Diospolites inconnus D. 125.
IVe Dyn. Tanites Ire en Semendes N. 7. D. 110.

---

2629
2645
I. ETAT Aborig. N. 4 D.
JANUS. 1 35
PICUS 2. fils de Saturne. 37.
2791
FAUNE 3. 44.
Arrivée d'Evandre et Carmante sa mere en Italie.
LATINUS 4. 35
II. ETAT Latins N. 15 D. 427.
ÆNEE 1.
2877 ASCANIUS 2. 38
2902 Fond.n d'Albe.
2915 SILVI.s 3. 29.
2944 ÆNEAS Silv. 4. 31.
LATINUS 5. 51.

---

Areopage et Amphictions.
1574 Fond. et Roy.e de TROYE. N. 6 D. 296.
Embras. de l'Ilion
2620 Fond. de Thebes.
MINOS I regne en Candie.
Ravissement de Ganimede fils de Tros par Tantale le Roy de Meonie.
Fond.n de Tyr. Exp. des Argonautes.
MINOS II petit fils de Minos qui etablit le labyrinthe en Crete.
Fuite de Dedale et Icare.
Ier Etat du Roy.e de Lydie Heraclides en dirigeant N. 22 D. 505.
II Etat des Sicyo... soux les Prestres D. 33.
Enlevem.t d'Helene par Paris cause de la guerre de Troye.
Guerre de Troye.
Ruine de TROIE.
Fin du Roy.e des Sicyoniens dont les Roys de Mycenes s'emparerent et Ducam Charinete dernier des Prestres.
Fameux retour des Heraclides.
Roy.e de Tyr sous HIRAM.
Colonies Ioniques.

---

BELOCUS 19. 25
BALATORES 20. 30
LAMPRIDES 21. 30.
SOZARES 22.
LAMPARES 23. 30
PANIAS 24. 45
2735
SOZARME 25. 19.
MITHREUS 26. 27.
TEUTAME 27. 32.
TEUTAEUS 28. 40.
THINEUS 29. 30.
DERCILAS 30. 40
EUPALES 31. 38
LAOSTHENES 32. 45
PIRITIADES 33. 30

---

Hellen fils de Deucalion dou Grecs dits Helleues.
2560
Danaus et les Danaïdes.
Agenor Phenix, Cadmus, Minos, Radamante.
Les Dactyles, Zethé et Amphion Rois de Thebes.
Tantale et Pelops. 2671 — 2701
Gorgones et les desfaite par Persée.
2757 — 2763
Egée. 2792
2807 — 2824
Oedipe Roy de Thebes fameux par l'Enigme du Sphinx.
Thesée et Amazones.
Hector
Achille et Agamemnon, Ajax, Ulisses et Nestor.
Oreste et Pilade fameux amis.
2894

Par I. Roo Ad.re A.o 1672. | Fin de la Ire Table. | A Paris chez l'Auteur au faubourg S. Germain vis a vis la Rue de Guenegaud au logis du S. Ferdinand Rue des 4 Nations | Avec privil. du Roy pour 10 Ans. 1672.

# II. TABLE de l'histoire universelle contenant l'Estat du Monde dans le V. age, ass. sous la Mon. des Babiloniens et les Royaumes de Iuda et d'Israel.

| M. | A.I.C. | P.I. | Affaires des MEDES | Affaires de BABILONE | Histoire D'ASSYRIE et PERSE | General. de I.C. selon S. Luc | ROIS et General. selon S. Mathieu — en Iuda | et Israel | Continuation de L'HISTOIRE S.te ET DE SON IV. ESTAT | EGYPTE | Affaires de GRECE en general — ATHENES | LACEDEMONE Agides | LACEDEMONE Proclides | CORINTHE | MACEDOINE | ROME | AVES HISTOIRES ET EPOQUES avec la Fable | HOMMES ILLUSTRES et PROFH. |
|---|---|---|---|---|---|---|---|---|---|---|---|---|---|---|---|---|---|---|
| 3023 | 1031 | 3683 | | | 7e année des 30. de Pirithiades 33e Roy des Assyriens | Natan | 4e année de SALOMON | | Fondemens du Temple de Ierusalem par Salomon | 25e année de Psusennes 2 Roy de la 4 Dynastie des Tanites | 19. année d'Acaste 3e Archonte perpet. | 24 an d'Echestrate 3e Roy Agide | | 36 an d'Ixion 3 Heraclide | | 48 an des 51 de Latinus II du nom 5 Roy des Latins descendus d'Enée | 3e année depuis la fondation de la ville de Cumes | AHIA Pr. Homere fleurit en 3698 |
| 3047 | 1007 | 3707 | | | OPHRACTEE 34 20 | Mathusa | Division | | Salomon honoré et recherché par le Roy de Tyr et la Reine de Saba | | | | | | | | | |
| 3054 | 1000 | 3714 | | | | | | | Il se vautre en la paillardise et en l'Idolatrie | | 14 an des 19 d'Archippe 3 Archonte. 3719 THERSIPPE 4 41 | 16 an des 37 de Labotas 4 | | 30e an d'Agelas 3 | | 18e des 39 ans d'Alba Sylvius 6 | II Estat d'Espagne sous les Celtes et Rhodiens | SEMEIA Pr. |
| 3060 | 994 | 3720 | | | | Menna | ROBOAM 1 | IEROBOAM 1 22 | Roboam par sa severité cause la division du Royaume | | | | EURIPON 3 | | | | | |
| 3064 | 990 | 3724 | | | | | 5 | 5 | Pillage du Temple de Ier. par Psusennes Roy d'Egypte que l'Ecriture appelle Sesac et Herodote Sesostris | | | | | 3720 PRIMNES 4 35 | | | | |
| 3077 | 977 | 3737 | | 3727 | OPHRATANES 35 50 | | ABIAM 2 | 18 | | | | 3731 DORISSUS 5 29 | PRITANIS 4 | | 3725 | CAPETUS 7e Roy des Latins 26 | Fond. de Samos par les Lacedemoniens | 3731 |
| 3079 | 975 | 3739 | | | | Melcha | ASA 3 41 | 20 | Asa fut un Religieux Prince qui retablit le culte divin | | | | | | | | | |
| 3081 | 973 | 3741 | | | | | 2 | NADAB 2 2 | | | | | | | | | | |
| 3082 | 972 | 3742 | | | | | 3 | BAASA 3 23 | Lequel fit passer par l'épée toute la famille de Ierobeam | V. Dyn. Bubastites en Sesonchis ou Sesonchis Dessi. sous le fameux nom de SESAC N. S. D. 116 | | | | | | CAPIS 8 en 3751 28 | | IEHU Pr. HANANI Pr. AZARIAS Pr. |
| 3095 | 959 | 3755 | | | | | 16 | 14 | Guerres d'Asa, Benadab, et Baasa | | | | | | | | | |
| 3105 | 949 | 3765 | | | | Eliacim | 26 | ELA 4 2 | | | PHORBAS 5 en 3760 31 | AGESILAUS 6 44 | EUNOMUS 5 | 3756 III Dyn. Bacchides en Bacchis N. S. D. 179 | | | | |
| 3106 | 948 | 3766 | | | | | 27 | ZAMBRI 5 7 jours | puis AMRI 6 apres que Zambri se fut brulé luy mesme en mettant le feu au Palais Royal | | | | | | | | | |
| 3112 | 942 | 3772 | | | | | 33 | 7 AMRI | transporte le Siege Royal de Therse à Samarie | | | | | | | | | |
| 3117 | 937 | 3777 | | | ACRACARNES 36 Roy des Assyr. dit autrement Anacyndaraxe 41 | | 38 | ACHAB 7 22 | et sa femme Iezabel, fille d'Ithobale Roy de Tyr et de Sidon | | | | | | | | 3774 Fond. de Capoue selon Eutrope | |
| 3121 | 933 | 3781 | | | | | IOSAPHAT 4 25 | 5 | | | | | | | 3779 | CAPETUS 9 13 | | |
| 3131 | 923 | 3791 | | | | | | | 3786 Miracles d'Elie | | MEGACLES 6 30 | | | AGELASTE 2 30 | | TIBERINUS 10 8 | | ELIE Pr. |
| 3138 | 916 | 3798 | | | | | 15 / 18 | OCHOSIAS 8 | 3794 Siege de Samarie par Benadab Roy de Syrie | | | | | | | | | |
| 3139 | 915 | 3799 | | | | Iona | 19 | IORAM 9 12 | Enlevement d'Elie au Ciel en un Chariot de feu | | | | | | | AREMULUS Agrippa 11 41 | | ELIZEE Pr. |
| 3144 | 910 | 3804 | | | | | 24 | 6 | Miracles d'Elizée disciple d'Elie | | | ARCHELAUS 7 60 | POLIDECT 6 | | | | | |
| 3145 | 909 | 3805 | | | | Ioseph | 25 IORAM 5 8 | 7 | Ioram de Iuda fait mourir tous ses freres et epouse Athalie fille d'Achab d'Israel | | | | | | | | 3807 Fond. de Carthage qui commence en 3826 | MICHEE Pr. Didon 3807 |
| 3150 | 904 | 3810 | | | | Iuda | OCHOSIAS 6 1 | 12 | Fin de la famine de 7 ans, retour de la Sunamite, et punition de Giezi disciple d'Elizée | | | | | | | | | |
| 3151 | 903 | 3811 | | | | | ATHALIE 7 | IEHU 10 28 | Crimes et punition de l'Infame Iezabel et des Prophetes de Baal | | | | | | | | | |
| 3157 | 897 | 3817 | | | SARDANAPALE 37 et dernier autrem. dit Thonos Concoleros 20 | Simeon | IOAS 8 40 | 7 | | | | | | | | | | |
| | | | MONAR. DES MEDES | 3818 MONARCHIE DES BABILONIENS | II ETAT, MEDES, en ARBACE N. 4 D. | 3821 | 11 | 18 | Histoire de Ionas Per. Iul. 3828 | | DIOGNETE 7 28 | | | EUDEME 3 25 | | | | 3821 |
| 3178 | 876 | 3838 | ARBACES 1 Roy des Medes | BELOSUS 1er Roy de Babilone | Arbaces et Belosus se revoltent contre Sardanapale a cause de ses debordements mettant ainsi fin à la Mon. des Assyriens 1re et donnant lieu au second Etat de cette histoire | Levi | 22 | 28 | Ruine de Ninive | | | | CHARILAS 7 64 sous la fameuse tutelle de son Oncle Lycurgue celebre Legislateur de Sparthe qui y establit ses fameuses Loix | | | | 3826 Epoq. de Carthage. Tutele de Lycurgue et ses Loix | IONAS Pr. Lycurgue 3830 |
| | | | | | | Mathat | 23 | IOACHAZ 11 16 | 3839 | | | | | ARISTODEM 4 35 | 3846 | AREMUL. Sylvius 12 19 | | 3840 |
| 3195 | 859 | 3855 | | | | | 39 | IOAS 12 16 | en suitte est mené en triomphe par le Roy d'Israel dans sa propre ville de Ierusalem qui est pillée et demantelée | 3849 | PHERECLE 8 19 | | | | | | | |
| 3196 | 858 | 3856 | | | | | AMASIAS 9 29 | 2 | Amasias succede à son Pere qui est tué par les siens et luy | 3857 VI Dyn. Tanites seconde ou Pertubastes N. 4 D. 89 | | | | | | | | |
| 3199 | 855 | 3859 | | | | | 3 | 5 | Association de Ierobeam par Ioas son Pere Roy d'Israel | | | | | | 3859 | AVENTIN 13 dont le nom donné au mont Aventin 37 | | |
| 3204 | 850 | 3864 | | | | | 8 | 10 | Un Cadavre ietté dans le tombeau d'Elizée ressuscite | | | TELECLUS 8 40 | | | | | | Mort d'Elizée |
| 3206 | 848 | 3866 | MANDAUCES 2 30 | | | Ioram | | | | | | | | | | | | |
| 3208 | 846 | 3868 | | | | | 12 | 14 | | | ARIPHRON 9 20 | | | | | | | |
| 3211 | 843 | 3871 | | | | | 15 | IEROBOAM II 13 41 | Ionas predit les victoires que Ierobeam devoit un jour remporter sur ses Ennemis | | | | | | | | 3873 Fond. de Vienne en Dauphiné Ado | |
| 3222 | 833 | 3881 | | | | | | | | | | | | AGEMON 5 16 | | | | |
| 3226 | 828 | 3886 | | | | | OZIAS autrement Azarias 52 | 16 28 | | | | | | | | | | Hesiode Poe. |
| 3228 | 826 | 3888 | | | | | 3 | 18 30 | | | THESPIEE 10 27 | | | | | | III Etat d'Espagne sous les Pheniciens | |
| 3234 | 820 | 3894 | | | | | 9 | 24 36 | Victoires d'Ozias Roy de Iuda contre les Idumeens Philistins Arabes etc. | | | | NICANDRE 8 39 | | | | | |
| 3237 | 817 | 3897 | | | | | 12 | 27 39 | | | | | | ALEXANDRE 6 25 | | PROCAS 14 selon Paterculus c'est luy qui bastit Capoue 23 | | IOEL Pr. AMOS Pr. 3890 |
| 3240 | 814 | 3900 | | | | | 15 | 30 42 | | | | | | | 1er Estat en CARANUS fond. Macedonie N. 4 D. 484 | | | Mort d'Hesiode selon d'autres 3905 |
| 3251 | 803 | 3911 | | | | | 26 | 41 53 | Interregne d'onze ans en Israel par la mort de Ierobeam | 3915 | AGAMESTOR 11 20 | 3904 ALCAMENE 9 ou Nicandre | | | | | | ZACHARIE Pr. ESAIE Pr. |
| 3256 | 798 | 3916 | SOZARME 3 30 | | | | | | | | | | | | | AMULIUS 15 usurpant la couronne sur Numitor 42 | | |
| 3262 | 792 | 3922 | | | | | 37 | ZACHARIE 14 6 m. | Puis SELLUM 15 tous deux massacrez 1 m. | | | | | THELESTE 7 12 | | | | 3919 |
| 3263 | 791 | 3923 | | | | | 38 | MANAHEM 16 10 | | | | | | | | | | |
| 3266 | 788 | 3926 | | | Phul environ ce temps estoit Gouverneur des Assyriens pour Sozarme Roy des Medes, et cela à Ninive | | | | | | | | | | COENUS 2e Roy 16 | | | |
| 3273 | 781 | 3933 | | | | | 48 | 10 | Il faut qu'il y ait icy un second interregne d'un an ou deux | | | | THEOPOMPE 9 23 | | | | | 3930 |
| 3274 | 780 | 3934 | | | | | 49 | | Ozias Roy de Iuda est frappé de la Lepre | | | | | AUTOMENES 8 1 | | | | |
| 3275 | 779 | 3935 | | | | Eliezer | 50 | PHACEIAS 17 2 | | | ÆSCHILUS 12 23 | | | IV Dyn. Magistr. annuels dits Pritanes D. 121 ans | | | | |
| 3276 | 778 | 3936 | | | | | 51 | 2 | Naissance de Tobie le Pere | | | | | | | | | |
| 3277 | 777 | 3937 | | | | | 52 | PHACEE 18 20 ou Pegath | Vision admirable d'Esaie. Esaie Ch. 6 | | | | | | | | | |
| 3278 | 776 | 3938 | | | | | IONATHAN 11 16 | 2 | | | Instit.on des OLYMPIADES par Iphitus Roy d'Elide fils de Praxonides de la race du fameux borgne Oxyle | | | | | | OLYMPIADES | Mort d'Hesiode selon d'autres. MICHEE Pr. |
| 3279 | 775 | 3939 | | | Teglat-phalazar succede à Phul au gouvernem.t des Assyr. pour le Mede Sozarme, et ce fut sous sa conduite qu'ils subiuguerent les provinces du Royaume d'Israel qui etoient au delà du Iordain | | 2 | 3 | Teglat phalazar Gouv. d'Assyrie subiugue les Provinces Trans-iordaines du Roy. d'Israel et en transporte les habitans | | | | | | | | | |
| | | 3941 | | | | | 4 | 5 | | | | POLIDORE 11 34 | | | | | | 3941 |
| 3283 | 771 | 3943 | | | | | 6 | 7 | | | | | | | | Naiss.ce de Remus et Romulus et leur exposition sur le Tibre | | Romul. II |
| 3286 | 768 | 3946 | MEDIDUS 4 51 | | | | 9 | 10 | | VII. Dyn. sous Bocchoris D. 44 | | | | | | | | |
| 3290 | 764 | 3950 | | | | Iesu | 13 | 14 | Le Profete Michée annonce aux Israelites leur captivité prochaine sous les Assyriens | | | | | | | | | |
| 3293 | 761 | 3953 | | | | | ACHAZ 12 16 | 17 | Le Mechant Roy Achaz est vaincu et mené captif à Damas par les Syriens | | | III. ETAT ass. Institutiō des Ephores temps inconnu D. 63 ans | | | | | EPHORES à Lacedemone | 3951 |
| 3295 | 759 | 3955 | | | | | 3 | 19 | Siege de Ierusalem par les Roys de Syrie et d'Israel | | | | | | | | | |
| 3296 | 758 | 3956 | | | Teglat-phal. avec ses Assyriens entre dans la Syrie, la pille, et tue son Roy Rhazin qui s'estoit ioint avec Phacée Roy d'Israel | | 4 | OZEE 19 et dern. 18 | Esaie annonce aux Iuifs la Naissance du Messie | | | | | | THURIMAS 3 45 | | | |
| 3298 | 756 | 3958 | | | III ETAT. ASSYR. 2d en | | 6 | 2 | Les Idumeens et Philist. font en ce temps plus.rs courses en Iudée et y inquietent fort le peuple | | ALCMEON 13 2 | | | | | Inst. des Lupercales par Romulus | | |

| | | | | | | | | | | | | | | | | |
|---|---|---|---|---|---|---|---|---|---|---|---|---|---|---|---|---|
| | | | | Salmanazar. N3 D33. | | | | | III. Etat Arcontes 10 ans en Charops N. 7. D. 68. | | | | | | | |
| 3300 | 754 | 3960 | | Icy les Babilon. sont compris sous les Assyriens. SALMANAZAR environ ce temps usurpa l'Assyrie sur les Medes, donnant lieu au 3e Etat, et les Babiloniens sont aussy compris sous sa domination. | | 8 | 4 | | CHAROPS 1er arc. decennal car Alcmeon ayant esté tue on establit que les Arc. ne seroient plus que 10 ans. | EURICRATES 4 | | | Rem et Romul. retablissent Numitor, chassant Amulius. | | | |
| 3301 | 753 | 3961 | | | | 9 | 5 | | | | | | III. Etat Rois Romains en Romulus N. 7. D. 244. | Fonda. et ans de Rome | Romulus Naevus Pr. | |
| 3306 | 748 | 3966 | | NADONASSAR ou Baladan retablit la Royauté de Babilone dou l'Ere a pris son nom. 17 | | 14 | 12 | | | ZEUXIDAM. 10 | | | 3963 Enlevem. des Sabines. | Ere de NADONASSAR. | | |
| | | | | 3969 | Her | EZECHIAS 13, 29 | 13 Ezechias Roy pieux retablit le culte Divin. | | | | | | | | | |
| 3311 | 743 | 3971 | | | | 3 | 15 Tobie agé de 36 ans epouse Anne de la Tr. de Nephtali. | | 3970 ÆSIMEDES 2 | | | | | | Sibile Erithr. | |
| 3314 | 740 | 3974 | | Il prend Samarie et mene le P. d'Israël captif a Ninive, et entre autres Tobie. | | 6 | 18 Fin. Fin du Roy. d'Israel par Salmanasar qui prend Samarie et mene le Roy et le peuple captifs a Ninive ce qui est la 3e des 4 sortes de servitude. | | | Guerre Messeniene entre les Laced. et les peup. de Messine pour lenlevem. des filles de Lace. | | | | | | |
| 3320 | 734 | 3980 | | SENNACHERIB 2e Roy des Assyriens seconde | | 12 | | | CLIDICUS. 3 | | | | | | | |
| 3322 | 732 | 3982 | | Voyez icy a costé dans la Colonne Ste. | | 14 | Sennacherib Roy d'Assyrie indigné de ce qu'Ezechias luy refuse tribut fait irruption et ravage dans la Judée. | | | ANAXIDAM. 11 | | | | | | |
| 3323 | 731 | 3983 | | MERODAC ou Nabucodonosor 1er le mesme que Mardokempade. 52 ASSARADDON 3 apres que Senn. son Pere eut esté tué a Ninive ou il s'en etoit fuy apres la perte de ses 185 mille homes que luy fit perir l'Ange. 10 | | 15 | Destruction des 185 mille hommes de Sennacherib par l'Epée de l'Ange. | | | ANAXANDER 11 Mort d'Euphaes Roy des Messeniens combatant contre les Laced. et succession d'Aristodeme. | | | | | Tobie | |
| | | | | | | | Tobie et son histoire environ ce tems. | | | | | | | | | |
| 3328 | 726 | 3988 | | | | 20 | | | 3984 | | | | | | | 3984 |
| 3331 | 723 | 3991 | | IV. ETAT BABILONIENS en Merodac. N. 7. D. 183. | | 23 | Tobie agé de 56 ans perd la veuë, puis la recouvre 5 ans apres, par le remede que luy enseigne l'Ange Raphaël. | VIII. Dyn. Ethiop. en Sabacon N3 D40. | HIPPOMENES 4 lequel punit la paillardise de sa fille en l'enfermant avec un cheval furieux qui n'ayant rien a manger la devora. | Grand carnage que fait Aristodeme des Laced. qui sont contraints pour repeupler le pays de prostituer leurs femmes et filles aux peuples voisins d'ou naquirent les Parthenies qui 30 ans apres se saisirent de Tarente en Italie. | | | | | | 3990 |
| | | | | | Eluadi | | | | | | | | | | | |
| 3333 | 721 | 3993 | | Merodac s'empare du Royaume des Assyriens sur Assaraddon mettant ainsy fin au 3e Etat et donnant lieu au 4e. | | | | | | | | | | | | |
| 3338 | 716 | 3998 | | | | MANASSE 14, 55 | Lequel renouvelle les impietez de son grand pere Achaz. | | | | | | | | | |
| 3340 | 714 | 4000 | ARBIANES 5 ou Arphaxad | | | | | | LEOCRATES 5 | | | | NUMA Pompilius 2 recommandable par sa pieté, justice et police. 48 | II. Etat de Lydie en Mermnades, en Giges N5 D170. | Sib. Samiene, Candaule et Giges. Arion Poete. | 4000 |
| 3341 | 713 | 4001 | | | | | | | | | | PERDICAS 1, 48 | | | | |
| 3344 | 710 | 4004 | | Merodac prend prisonnier Manassé Roy de Iuda et le mene a Babilone chargé de chaines ou ce Prince s'etant converty a Dieu est retably en sa 1re dignité. | | | Prison de Manassé qui s'etant repenty ensuite est retably. | | | | | | | | | |
| 3345 | 709 | 4005 | DEIOCES 6 apres la deffaite de son Pere par Merodac, ce fut luy qui batit Ecbatane selon d'aucuns. | Dejoc. defait en bataille rangée Arphaxad Roy des Medes ruinant sa ville Capitalle. | | | Histoire de Judith et d'Holoferne selon quelques uns, mais elle est mieux vers l'an 4350 comme je le prouve. | | 4010 ARSANDRUS 6 puis Eriziad 7 en 4020. | | | | | | | |
| 3368 | 686 | 4028 | | | | | | 4030 IX. Dyn. Saites 1re en Stephinates N. 8. 4031 entre lesquels sont Psammeticus et Necao D. 159. | IV. Etat Ar. Annuels Nec. Post Creon. 1. Fondation des Villes de Cizique et de Locres. | Les Messeniens que nous avons laissez sous la domin. des Laced. se revoltent contre eux dou 2e Guer. Messen. de 18 Ans. | | | | | | 4029 |
| 3375 | 679 | 4035 | | BENMERODAC 2e Roy de Babilone depuis le passage de la Monarchie Assyriene sous celle des Babiloniens. | Cosan | | | | | | | | TULL. HOSTILIUS 3 sous qui deux ans apres arriva le combat des 3 Horaces et des 3 Curiaces. 31 | | | 4033 |
| 3392 | 662 | 4052 | | | | AMON 15, 2 | | | 4047 Arion victorieux du prix en Sicile est jetté dans la Mer par les Matelots et sauvé par un Dauphin come veut la fable. | 4047 Victoire des Lacedemoniens sur les Messeniens qui s'enfuyent en Sicile. | | 4049 ARGAEUS I. 5, 32 | | | | |
| 3394 | 660 | 4054 | | | | IOSIAS 16, 31 | Bon Prince qui retablit le culte devin et sous qui Ieremie comença. | | | EUNICRATES 15 ARCHIDAM. 12 | V. Dyn. Tyrans en Cypsel. et Periandre N2 D73. | | | | | |
| 3407 | 647 | 4067 | | NABOPOLASSAR 3 autrement dit Nabucodonozor II. | | | | | | | | | | | | 4036 |
| 3418 | 636 | 4078 | PHRAORTES 7 | | Addi | | | | | | | | ANC. MARTIUS 4, 25 | 4057 et 8 Fondaton de Bisance, Abdere, Stagire et Lampsaque. | Sophonie et Holda Pr. Thales et Solon naissent. | 4074 |
| 3419 | 635 | 4079 | CIAXARE 8 dit Assuerus sous qui les Scithes coururent et Asie et en Palestine, et firent tribut de l'Asie. | | | | | | | LEON 14 | | | | | | |
| 3424 | 630 | 4084 | | Il envoye son fils qui est le grand Nabucodonosor de l'Escriture Ste contre les Syriens. | | | | | | | | PHILIPPE I 6, 35 | | | | 4081 |
| 3425 | 629 | 4085 | | | Melchi | IOACHAS 17, 3 m. | autrem. Sellum, usurpe la couronne sur son aisné apres la mort de son Pere qui estoit d'un coup de fleche en la guerre contre Necao Roy d'Egypte. | Necao regne autour de ce tems. | | | | | | | | |
| 3426 | 628 | 4086 | | | | IOACHIN 18, 11 | dit Eliacim est retably en ses droits par Necao. | | | | Periandre 1er Tyran. | | | | Ieremie Pr. Urias Pr. | |
| 3429 | 625 | 4089 | | NABUCODONOZOR 4 dit le grand et IIIe du nom. 44 | | | | | | ANAXANDRIDE 15 | | | | | | |
| 3430 | 624 | 4090 | | 2 Nab. dez la 2e année de son regne continue la guerre que son pere avoit avec l'Egypte dont il se rend le fleau aussy bien que de la Iudée qui en etoit feudataire depuis la mort de Iosias. | | 5 | Voyez icy a costé. | | | | | | | | | |
| 3431 | 623 | 4091 | | 3 | | 6 | Les progrez de Nabucodonosor sont tels en peu de temps que dés cette année il se soumet la Iudée, et contraint Ioachin de luy faire les mesmes hommages quil faisoit iusques icy au Roy d'Egypte. | | Dracon fameux Legislateur fait ses Loix si celebres par leur severité que l'Orateur Demades disoit quelles avoient esté ecrites avec du sang. | AGASICLES 13 | | | | IV. Degre ou Etat d'Espagne Age d'Argent. | | 4092 |
| 3436 | 618 | 4096 | | 8 Il envoye Ioachin captif a Babilone avec Daniel, Ananias, Misael et Azarias, et tout cela a cause de la revolte dud. Ioachin, faite l'an 4093 de la PI. | | IECHONIAS 19, 3 m. | Ire Transmigraon. voyez icy a costé. | | | | | | | | | |
| | | | | | | SEDECIAS 20, 11 | Ire année de Sedecias dernier Roy de Iuda. | | | ARISTON 14 | | | TARQUIN l'ancien 5 fils de Demarate Grec batit le Capitole et combat les Sabins et Veientes. 38 | | | 4099 |
| 3440 | 614 | 4100 | | 12 | | 5 | Ezechiel agé de 30 ans comence a prophetiser. | | 4102 Pittac. surmonte Phrynon athlete Athenien aux jeux Olympiques. | | | | | | Ezechiel P. | |
| 3444 | 610 | 4104 | | 16 Il comence le siege de Ierus. pour punir Sedecias qui s'estoit revolté contre luy. | | 9 | Revolte de Sedecias contre Nabuc. ce qui cause le siege de Ierusalem. | | | | | | | | | |
| 3446 | 608 | 4106 | | 18 Prise de Ierus. saccagem. du T. Roy et Peuple menez captifs a Babilone, et le reste du menu laissé avec Ieremie par Nabuzardan sous la garde de Godolias. Sedecias le Roy eut les yeux crevez. | | 11 Fin | Fin du Roy. de Iuda, captivité de 70 ans, et 2e Transmigration. | | | | | | | | | |
| | | | | | | | V. ETAT, CAPTIVITE DE BAB. D. 70. | | | | | | | | | |
| 3448 | 606 | 4108 | Ciaxare ayant fait tuer les Scithes en un banquet ou il les avoit conviez se rend maistre d'une partie d'Assyrie. | | | Mort de Sedecias a Babilone. | | | | | | | | | | |
| 3451 | 603 | 4111 | | 23 Le reste du menu P. qui estoit demeuré en Iudée avec Ierem. passe malgré ses oppositions en Egypte, lapide led. Ierem. puis tous perissent ce qui est la 3e transmigration. | | | 3e Transmigraon voyez a costé. | | | CLEOMENE 16 | | | | | | |
| 3453 | 601 | 4113 | | 25 Nabuc. voit en songe une prodigieuse statue dont Daniel donne l'Interpretaon. | | | Daniel explique la vision de la Statue des 4 materiaux a Nabucodonosor. | | Cylon s'estant saisy de la Citadelle d'Ath. et y estant assiegé par les Cytoyens est contraint de s'enfuir avec son frere et ses gens sont tuez. | | | | | | | |
| 3456 | 598 | 4116 | | 28 Les trois enfans dans la fournaise. | | | Ananias, Misael et Azarias sont jettez dans la fournaise pour n'avoir pas voulu adorer la statue d'or de Nabucodonosor. | | | | | EUROPS 7, 42 | | | Sapho | 4114 |
| 3460 | 594 | 4120 | ASTIAGE 9, 35 | | Neri | | | | 4118 Celebre autel basty a Ath. au Dieu inconnu par le Philos. Epimenides pour la delivrance de la peste, sur venue a cause du meurtre cy dessus. | | | | | | Solon et ses Loix | |
| 3463 | 591 | 4123 | Nitocris | 35 Nabuc. songe la vision du grand arbre dont apres avoir eu l'Interpretaon par Dan. Dieu le punit de sa superbe le reduisant pendant 7 ans a vivre dans les bois come les bestes, son Roy. estant cepend. gouverné par son fils Evilmerodak. | | | Voyez la colonne Babiloniene. | | | | 4129 VI Dyn. retour a la liberté par la mort de Periandre mais depuis cela on n'a plus rien de cette histoire que la prise de Corinte par les Rom. en 4568. | | | Berruyers dans les Gaules | Ambigat Roy des Gaules | 4124 |
| 3471 | 583 | 4131 | | 43 Nab. s'estant retourné a Dieu est retably en sa 1re magnificence. | | | Voyez la colonne Babil.ne | | | | | | | | 7 Sages de Grece. | |
| 3472 | 582 | 4132 | | EVILMERODAC 5 lequel fait sortir de prison Iechonias autrement Ioakin II. 23 | | | Delivrance de Iekonias l'an 37 de la 1re Transmigr. et 17 de la Captivité. | | Ieux Isthmiq. renouv. en l'hon. de Melicerte, et Pithicus Instit. a Delfes en l'honn. d'Apollon. | | | | SERV. Tullius 6 qui partagea le P. R. en 30 Tribus et triompha des Toscans. 44 | | | 4137 |
| 3475 | 579 | 4135 | | | | | Mort de Iekonias a Bab.ne l'an 40 de sa Transm. selon les predictions de Ieremie et d'Ezechiel. | | 4138 Ieux Neméens a Argos et quatre ans apres l. Panathenées a Ath. | | | | | | | |
| 3494 | 560 | 4154 | | | | | | | V. Etat Tirans en PISISTRATE R 3 D50. | | | | | | Esope est mis a mort par la barbarie des Delfiens. | 4150 |
| 3495 | 559 | 4155 | Il est chassé par son petit fils Cyrus. | BALTHAZAR 6 dit Nериglissar — Daniel dans la fosse aux Lions. 4 | | | Environ ce tems Daniel est jetté en la fosse aux Lions pour avoir fait crever le Dragon Bel. | | Pisistrate s'etant rendu maistre d'Athenes en est le 1er Tyran. | Chilon Ephore cette année | | ALCETAS 8, 28 | | | | |
| 3498 | 556 | 4158 | | DARIUS Medois 7, dit autrem. Nabonnide succede a Baltazar qui au milieu d'un festin voit une main ecrivant contre la muraille, ce qui est interpreté par le Profete Dan. d'un transport de son Roy. aux Medes et aux Perses, ce qui s'accomplit dez cette mesme nuit a l'egard du 1er Chef en la personne de Darius de Medie, et pour l'autre en la personne de Cyrus Persan de nation. 17 | | | Voyez la colonne Babil.ne | | Autour de ce tems Pisistrate est chassé d'Athenes par deux fois. | | | | | | | |
| 3506 | 548 | 4166 | CAMBISE Persan. Mandane | | | | | | 4169 Pisistrate reprend Athenes pour la 3e fois. | Les Spartains par l'avis de l'oracle chercherent dans la ville de Tegée et trouverent les os d'Orestes qui avoit eu 7 coudées de haut. | | | | Incendie du Temple d'Apollon a Delphes. | | |
| 3516 | 538 | 4176 | | CYRUS ayant pris cette année la ville de Babilone sur Darius Medois son oncle accomplit le dernier chef de ce qui avoit esté annoncé au Roy Baltazar, puisqu'en luy finit la Mon. des Medes et commença celle des Perses, ce qui met fin au 4e Etat et commence le Ve que nous examinerons dans la table suivante. | | SALATHIEL | Cyrus ayant detruit la nation qui detenoit le peuple de Dieu en captivité, ordonne que ceux des Iuifs qui desireroient retourner en Iudée pour rebatir le temple le puissent faire en toutte liberté; ce qui met fin a la Capt. des 70 A. et par c. au 5e Etat de l'hire Ste et acheve les 493 du Ve age du Monde. | | | | | | | 4170 Fin du Roy. de Lydie en Croesus. | | |

Par I. Rou Ad.cat A. 1672 avec Privil. du Roy pour 10 Ans. — F. de la Pointe Sculp. — Fin de la II. Table. — A Paris Chez l'Autheur au Faub. St. Germ. Rue des 4 Nations vis a vis celle de Guenegaud au logis de St. Ferdinand. Et chez le dit la Pointe sur le quay de l'horloge.

# III. TABLE de L'HIST.RE UNIVERSELLE Ancienne Contenant l'Etat du Monde sous la Monarchie des Perses

| An du M. | Av. J.C. | P.J. | Egipte | Macedoin. | Aff.res de Perse | Genealogie de J.C. S.t Luc S.t Math. | Gouverneurs | Histoire S.te | Olympiades | Guerres et Bat. | Tyrans et Arcont. | Grece en gral. — Athenes en particulier | Lacedemone — Agides ou Euristenides | Lacedemone — Proclides ou Euripontid. | Ans de Rome | Rois et Consuls Romains | Rome | Aut.res Etats et Epoques | Hommes Illustres |
|---|---|---|---|---|---|---|---|---|---|---|---|---|---|---|---|---|---|---|---|
| | | | Continuation de la IX. Dyn. | | V. ETAT Perses I.ers en CYRUS. N. 12. D. 208. | | | VI. ETAT Gouverneurs et Pontif. en ZOROBABEL. N. 3. Gou. et 22. P. D. 434. | | | | Continuation du V. ETAT. sca. Tyrans. | | | | | Continuation du 3.e ETAT sc. Rois | | |
| 3516 | 538 | 4176 | | 18.e année des 29 d'Alcetas. | CYRUS 1 ayant transporté la Monarchie Babil.ne aux Perses donne lieu a la 2.e des 4 Monarchies du Monde. 8 ou 9. | ZOROBABEL 1 | | Cirus ayant pris la V. de Bab.ne donne lib.té au Peuple de retourner bastir le Temple. ce qui met fin a la Captiv.te et commence le VI Etat sous les Gouvern.rs dont le 1.r fut Zorob. sous qui le P. s'en estant retourné commence l'an suivant par sacrifice et jette les fondem.ts du nouveau Temple. | 3.60 | | 1.e année de Pisistrate. | 7.e année des 18 de la 3.e Tyrannie de Pisistrate. | | | 216 | | 39.e année des 44 de Servius Tullius. | | Anacreon Lyrique. Simonides. Epicharme. Papyrius. Policrate. Tomyris Reyne. |
| 3519 | 535 | 4179 | | | | | Visions du Prophete Daniel en son 10 et 4 Livre. | | | | | | | | | | | | |
| 3521 | 533 | 4181 | | | | | | | 4.61 | | | Anacreon Poete Lyrique est en reputation et sa mort est remarquable en ce quil fut etranglé d'un seul pepin de raisin. | | | 221 | Tarquin 7, 24. | dit le superbe, apres avoir fait tuer son beaupere Servius, et sa femme Tullie passant son Chariot sur son Corps regne et acheve le Capitole. L'Indignité du Crime de Tullie estoit d'autant plus enorme qu'elle etoit fille du dit Servius. | | |
| 3522 | 532 | 4182 | | | | Reza | | | 1.62 | | | Policrate exerce sa tyrannie sur l'Isle et la Ville de Samos. Il est fameux par cette riche bague quil jetta dans la Riviere par une crainte des revers ordinaires de la fortune, come.t la pensant satisfaire par la afin de l'Empescher de luy en faire eprouver d'autres plus rudes, mais elle qui ne se contentoit pas de cela la luy fit retrouver dans le ventre d'un poisson ce qui fit dire au Roy d'Egypte que cet homme mourroit sans doute d'une etrange et malheureuse fin. | | DEMARATE, 15. | | | | | |
| 3524 | 530 | 4184 | | | CAMBISE 2 qui est l'Assuerus du 4.e d'Esdras succede à son Pere dont Tomyris fit plonger la teste tranchée dans un vaisseau de sang pour la mort de son fils Spargapize et la guerre quil e toit allé faire aux Massagetes en passant l'Araxe. 7. | | | Les Israelites sont empeschez de continuer l'ouvrage du Temple par ordre de Cambize, et a la sollicitation des Peuples voisins, cela dura 9 ans. | | | | | | | | | | | |
| 3526 | 528 | 4186 | | AMINTAS I. 9, 49. | | | | | | | | | | | | | | | |
| 3527 | 527 | 4187 | | | | Abiud | | | 2.63 | | HIPPARQ. et | HIPPIAS succedent dans ATHENES à la Tyrannie de leur Pere Pisistrate mort sur la fin de l'an precedent. | | | | | | | |
| 3529 | 525 | 4189 | X. DYN. de Perses en CAMBISE. N. 7. D. 121 ou 15. | | | | | | | | | | | | | | | | |
| 3531 | 523 | 4191 | | | | | | | 2.64 | | | Policrate Tiran de Samos est mis en croix par Oretes gouverneur de Sardes pour Cambize, et son frere Sylozon eut la succession de lad.e Tiranie par le moyen du mesme Oretes en reconnoissance d'un habit quil luy avoit donné autrefois. | | | | | | | |
| 3532 | 522 | 4192 | | | Smerdis le faux Mage ressemblant au veritable Smerdis frere de Cambise et q. led. Camb. avoit fait mourir, prend occasion de cette ressemblance pour regner. 7 m. | Ioana | | l'Artaxerxe du 4.e Chap. d'Esdras est vraysemblablem.t le faux Smerdis. | | | | | | | | | | | |
| 3533 | 521 | 4193 | | | DARIUS 3 fils d'histaspis est elu Roy par l'industrie de son palefrenier qui avoit acoutumé son cheval à hennir au soleil levant. 36. | | | Zorobab. et Josué a la sollicit.on d'Aggée et Zacharie se remettent au bastim.t du Temple par la permission de Darius qui avoit fait chercher dans les registres de Cyrus si l'ouvrage avoit esté commencé sous son avenu. | 1.65 | | | | Cleomene chasse Demarate environ ce temps, et Demarate se tourne du costé des Perses. | | | | | | |
| 3534 | 520 | 4194 | | | | | | | | | | | | | | | | | |
| 3536 | 518 | 4196 | | | | | | | 3.65 | | | | | | 236 | | | V. Etat d'Espagne sc. Cartagin. en MAHERBAL. | HAGGÉE et ZACHARIE pphetes. Naiss.ce de Pindare. Denis de Milet. |
| 3538 | 516 | 4198 | | | | | | l'An 6.e de Darius le nouveau Temple fut achevé, et sa dedicace celebrée avec grand joye. | | | | | | | | | | | |
| 3541 | 513 | 4201 | | | | | | | 4.66 | | Hippias seul | Hipparque ayant esté tué cette année par Harmodius et Aristogiton de la famille d'Alcmæon opposée a celle de Pisistrate, Hippias son frere fit mettre plusieurs gens à la torture pour reveler tous les complices, et entr'autres une femme debauchée qui ayma mieux se couper la langue avec les dents que de rien dire. | | | | | | | |
| | | | | | | | | | | | Arcontes. | VI. ETAT. Retour a la Democratie souz les Arcontes Annuels D. 180. | | | | Consuls. | IV. ETAT Coss. D. 462. | | Zopyrus. Porsenna. |
| 3544 | 510 | 4204 | | | La ville de Bab.ne qui 2 ans auparavant s'etoit revolté contre Darius, luy est enfin rendue par l'horrible stratageme de Zopirus qui pour cela s'etoit fait couper le nez et les oreilles. | | | | 3.67 | | | Hippias est chassé d'Athenes, et la tiranie abolie par le moyen de Clisthenes grand pere de Pericles assisté des Alcmæonides et Lacedemoniens, ce qui fait le VI.e Etat. | | | | | | | |
| 3545 | 509 | 4205 | | | | Iuda | | | 4.67 | | | | | | 245 | Brut. Valer. | Violement de Lucrece par Sextus fils de Tarquin qui est chassé par les soins de Brutus et Valer. ce qui est le IV. Etat sc. Consuls. | Regifuge et Coss. | |
| 3546 | 508 | 4206 | | | Darius conduit une puissante armée contre les Scithes et fait un pont sur le Bosphore de Thrace. | | | | 2.68 | 6 Persique | | Megabaze se rend maitre de la Thrace et de la Maced.ne et la guerre des Atheniens contre les Perses commence. | | | 247 | | Secours de Porsenna Roy d'Etrurie aux Tarq. Extremité de Ro. et sa delivrance par ces 3 fameux Miracles Hor. Muti. Clelie. | | Heraclite Philosophe pleureur. |
| 3547 | 507 | 4207 | | | | Eliacim | | | | | | | | | | | | | |
| 3550 | 504 | 4210 | | | | | | | 1.69 | | Acestorides. | Aristagore ayant obtenu 20 Navirs des Atheniens va en Asie contre Darius, et luy pille et brule la ville de Sardes ce qui luy fait jurer de s'en vanger. | IV. ETAT Rois connus en Leotichide, D. 201. | | | | | | |
| 3556 | 498 | 4216 | | | | | | | 3.70 | | | | 21.e année de Cleomene depuis l'exp. de Demar. | LEOTYCHIDES 26, 22. fils de Menarès. | | | | | |
| 3561 | 493 | 4221 | | | | | | | 4.71 | | Themistocle. | Themistocle persuade aux Atheniens de batir le fort de Pirée. | | | 261 | | Sedition du P. R. et son appaisem.t par l'ingenieuse parabole d'Agrippa. | | Naiss.ce de Sophocle. Largius 1. Dictateur R. |
| 3563 | 491 | 4223 | | | | | | | 2.72 | | Hybilides. | | | Zeuxidam. | 263 | | Revolte de Coriolan contre Rome sa Patrie, et sa retraite chez les Volsques d'où il met à l'extremité les R.s qui luy font crier misericorde par le moyen de sa mere et de sa femme. | | Trib. du P. creez a Rome pour la 1.re fois. |
| 3564 | 490 | 4224 | | | Grande defaite des Perses a la bataille de Maraton. | | | | 3.72 | Bat. de Maraton | Phanippus. | Fameuse Bataille de Maraton où 500 mille Perses sont defaits par les Atheniens souz Miltiades qui y acquit une telle gloire que Themistocle disoit que les Trophées de Milt. l'empeschoient de dormir. | | | | | | | Miltiades. Themistocle. Coriolan. Leonidas. Aristide. Zeuxis peintre tous contemporains. |
| 3565 | 489 | 4225 | | | | | | | 4.72 | | | | Treve de 30 Ans entre les Lacedemon. et Athen. | | | | | sous les Tyrans à Syracuse en Gelon N. 3. D. 19. | |
| 3569 | 485 | 4229 | | | XERXES I 4 qui est l'Assuer.s mari d'Esther, regne au prejudice de son aisné Artabazane, son Pere l'ayant ainsy voulu. 20. | | | | 4.73 | | | | LEONIDAS 17 succede à son frere Cleomene qui se tue luy mesme. | | 269 | | | I.r Etat de Sicile. | Pindare fleurit agé d'environ 40 ans. Democrite phil. rieur. |
| 3574 | 480 | 4234 | | | | | | | 1.75 | Bat. des Thermopil. et Salamine. | Callias. | Fameux Passage de Xerxes sur un pont de bateaux avec 800 mille homes et 1200 navirs. percem.t de l'Isthme d'Athos ; Bat. de Thermopiles ou Leonidas et ses 300 Lacedemons. meurent glorieusem.t puis revanche de Themistocle à la bat. de Salamine. L'an suivant Mardonius Cap. de Xerxe, prit pilla et brula Athenes. | | | 274 | | | Passage de Xerxes et bat. des Thermopiles et de Salamine. | Euripide naist. |
| 3575 | 479 | 4235 | | ALEXANDRE I. 10, 42. | | Ioseph | | | | | | 4238 | PLISTARCHUS 18. sous la tutele de Pausanias. | ARCHIDAMAS 3, 17 ou Archelaus. | | | | | |
| 3576 | 478 | 4236 | | | Il epouse Esther en repudiant Vasthi, et fait punir Aman en faveur de Mardochée. | | ESDRAS 3 | Esdras fils de Saraias 36. P.e et qui l'etoit luy mesme parmy les Juifs restez a Babilone, obtient de Xerxes de retourner en Judée avec tous ceux qui le voudroient suivre, ce qui fut fait et alors Esdras gouverna tout le Peuple jusqu'au tems de Nehemie. Plusieurs qui citent du 7.e d'Esdras VI. quelques uns renvoyent cecy à Artaxerxe, mais outre q. ces noms de Xerxes Assuer.s et Artaxerxe sont assez confusem.t donnez tantost a une mesme et tantost à de differentes personnes. Il paroist de plus assez nettem.t par le V. de ch. pendant q. entr' autres q. Xerx. succeda de Darius pere q. le Cdit immediatement apres luy. | | | | | | | | | | | |
| 3581 | 473 | 4241 | | | Il s'associe son fils Artaxerxes dit autrement Darius Longuemain. | | | | | | | | | | | | | | |
| 3584 | 470 | 4244 | | | | | | | 3.77 | | Demotion. | Cymon fils de Miltiades s'acquiert une belle reputation par ses victoires contre les Perses. | | | | | | | Naiss.ce de Thucidide et de Socrate l'an suivant. |
| 3588 | 466 | 4248 | | | | | | | 3.78 | | Lysanias. | 4247 | PLISTOANAX, 19. sous la tutele de Cleombrotus ou Cleomene. | | | | | II. Etat de Sicile Liberté D. 60. | |
| 3589 | 465 | 4249 | | | ARTAXERXE I 5 dit autrem.t Darius Longuemain, regne apres avoir fait mourir Artaban qui avoit tué son Pere Xerxes. 40. | | | | | | | | | | | | | | |
| 3595 | 459 | 4255 | | | | | | | 2.80 | | Philocles. | | Fin de la Treve, et recommencem.t de la guerre où les Lacedemon.s sont defaits. | | 295 | Publ. Sabin. | et les Sabins et les Eques a la raison, et mene leur Gral Gracus en triomphe, il reprend sa Charue come auparavant. | | Naiss.ce d'Hipocrate. |
| 3596 | 458 | 4256 | | | | | | | 3.80 | | Bion. | | | | 296 | Vibul. Corn. | Cincinnat.s retiré de sa Charüe pour estre fait Dictateur et apres avoir vaincu | | Tems a peu prez de MALACHIE dernier des pphetes. |
| 3600 | 454 | 4260 | | | l'An 20.e d'Artaxerxe ass. depuis son assotiation, Nehemie son echanson qui etoit encore demeuré avec quelques autres à Babilone obtient de luy la permission de retourner en Judée. | | NEHEMIE 3 | Nehemie etant retourné en Judée donne courage au Peuple de ceindre Jerusalé de murailles. ce q. fut alors proprem.t quils furent apellez Juifs et la Region Judée parceque la lignée de Juda etoit venue en ces lieux. La 1.re comencem.t aussy des 70 semaines de Daniel. | 3.81 | | Ariston. | Trois Ambassad.rs sont envoyez de Rome en Grece pour avoir les Loix des villes mieux policées, et de là furent faites les Loix des 12 tables. | | | 300 | | | 70 Sem.nes de Daniel. | |
| 3602 | 452 | 4262 | | | | | | | 1.82 | | Charephanes | | | | 302 | Ver. Trigem. | Institut.on des Loix des 12 Tables. | | |
| 3603 | 451 | 4263 | | | | | | | 2.82 | | Antidotus. | | | | 303 | Decemvirs | Establissem.t des Decem virs en la place des Consuls, puis leur expulsion au bout de 3 ans a cause de leur injustice. | Decem virs a Rome | |
| 3604 | 450 | 4264 | | | | | | | 3.82 | | Euthidemus. | Victoire de Cymon fils de Miltiades, et Gnal de la flote des Grecs contre les Perses sur qui il prend plus.rs villes en Chypre. | | | 304 | | | | Herodote ecrit ses 9 muses agé de 40 A. |
| 3613 | 441 | 4273 | | | | | | | 4.84 | | Timocles. | Fameuse prise de Samos par Pericles, où l'invention des beliers fut donnée par Artemon de Clazomene. | | | | | | | Empedocle. |
| 3615 | 439 | 4275 | | | | | | | 2.85 | G. Cor. | Glaucides. | Guerre Corinthiaque des Atheniens au sujet de la ville de Duras ou Epidaure en Albanie. | | | | | | | Protagoras et Evathlus. |
| 3617 | 437 | 4277 | | PERDICCAS II, 5, 23. | | | | | | | | | | | | | | | |
| 3621 | 433 | 4281 | | | | | | | 4.86 | | Apseudes. | | | | 321 | | | Periode Metoniq. | Phidias. Pericles. |
| 3623 | 431 | 4283 | | | | | | | 1.87 | G. Pelop. | Euthidemus. | Fameuse GUERRE DU PELOPONESE entre les Atheniens et les Lacedemoniens avec le reste du Peloponese, ceux cy pretendant que les Atheniens avoient contrevenu au traité de la Treve de 30 ans. Les Thebains donnerent le premier bransle surprenant la ville de Platée qui est perdue par les Atheniens, et les Lacedemoniens la demolissent en suitte. | Voyez icy a costé. | | 323 | T. | Le Dictat.r Posthum. Tubertus fait couper la teste à son propre fils pour avoir combatu contre son ordre, et | Guerre du Peloponeze. | Isocrate. |
| 3627 | 427 | 4287 | | | | | | | 2.88 | | Euclides. | | | AGIS, 18, 26. | 327 | Coss. Cincin. | | | Naiss.ce de Platon. |
| 3629 | 425 | 4289 | | | | | | l'an 40.e et dern. du Roy Artaxerxes, Nehemie qui etoit cy devant retourné de Judée en Perse pour voir ce Prince revient en Jerusalem où il reforme plusieurs desordres. | 4.88 | | Stratocles. | | | | | | | | |
| 3630 | 424 | 4290 | | | XERXES II. 6 puis SOGDIAN 7 l'un des 17 bastards d'Artaxerxe, 2 m. DARIUS ochus ou Noth.s autre bast. d'Artax. Il epouse sa sœur la Cruelle Parisatis. | | | | 1.89 | | Isarchus. | | Brasidas fameux Capitaine des Lacedemoniens. | | 330 | Trib. milit. | TRIBUNS MILITAIRES establis. | | Aristophane fait representer ses Nubes. Meton astron. |

| An du M. | Av. J.C. | Pér. Jul. | Égypte | Macédoine | Perse | Prophètes | Juifs | Olymp. | Guerres | Archontes | Grèce | Sparte | An de R. | Magistrats | Rome | Sicile, etc. | Hommes illustres |
|---|---|---|---|---|---|---|---|---|---|---|---|---|---|---|---|---|---|
| 3633 | 421 | 4293 | | | | | | 4.89 | | Aristo. | Les autres Peuples de Grece Craignant que les Lacedemon. et Athen. sous pretexte de la treve de 50 ans faite l'an precedent ne les voulussent assujettir, forment un tiers party dont ceux d'Argos eurent la conduite, et les Athenie. s'y joignent à la persuasion d'Alcibiade. 4293 | Victoire des Lacedem. contre les Athens. et Treve de 50 Ans. | 332 | Trib. Mil. | | Mort de Brasidas chef des Lacedom. et de Cleon chef des Athen. | Alcibiade |
| 3639 | 415 | 4299 | | | | Semei. | | 2.91 | | Chabrias | | Alcibiade rappellé a la guerre par les Athens. pour se justifier de quelque crime se refugie chez les Lacedem. Cette Treve qui devoit estre de 50 ans est rompue l'an suivant. | 335 | | Conjuration des Esclaves decouverte et punie. | | |
| 3640 | 413 | 4301 | XI Dynastie des Saïtes sous Amyrtée 4 ... 25 | Archelaus I. 14. 4. | | | | 4.91 | | Cleocrit. | Deffaite des Atheniens dans le Païs de Sparthe, ou par une rupture de la Treve de 50 Ans ils estoient entrez l'an precedent. | | 339 | Trib. Mil. | | | |
| 3642 | 412 | 4302 | | | | | | 1.92 | | Callias | Gouvernem.t Populaire abrogé par Alcibiade apres son rappel en cette année, ou 400 élus gouvernent la Repub. mais l'an suivant ils sont deposez, et 5000 mis en leur place. | | | | | | Lysandre |
| 3646 | 408 | 4306 | | | | | | 1.93 | | Euctemo. | Magnifiq. entrée d'Alcibiade dans Athenes à son retour de l'Hellespont, apres quoy il retourne pour tenir la Mer contre Lysandre fameux chef des Lacedmoniens. | Lisandre chef des Lacedem. | | | | | |
| 3648 | 406 | 4308 | | | | | | 3.93 | | Callias | | Pausanias, 20. 14. | | | | III. Etat de Sicile Retour à la tyrannie en Denys le Tyr. ... | Denis le Tyran |
| 3649 | 405 | 4309 | | | Artax.es II Mnemo. 9. ainsy dit à cause de sa memoire, il eut pour femme une Statira que la cruelle Parisatis fit mourir. | | | 4.93 | | Alexias. | | | | | | | |
| 3650 | 404 | 4310 | | | | | Il ne s'est rien passé de memorable en tout cet espace de temps. | 1.94 | | Pithodor. | Fameux siege et Prise d'Athenes par Lysandre chef des Lacedemon. lesquels la gouvernent par 30 hommes choisis appellez Tyrans; et fin de la Guerre du Peloponnese. | Athenes prise par Lisandre chef des Lacc. | 350 | Trib. Mil. | | Fin de la guerre du Peloponese. | |
| 3651 | 403 | 4311 | | | | | | 2.94 | | Euclide | | Lysandre veut oster les Roy.es aux Heraclides mais ne peut. | 351 | Trib. Mil. | | | |
| 3652 | 402 | 4312 | | | Cyrus le jeune Cadet d'Artaxerxe n'estant pas satisfait du Gouvernem.t de l'Asie que son pere luy avoit laissé entreprend d'oster la Couronne à son frere pretendant qu'il estoit né depuis que son pere estoit parvenu a la Roy.té et pour cet effet luy fait la guerre assisté des Laced. mais il y est tué et ses troupes taillées en pieces par Tissaferne et les Grecs qui l'avoient suivy s'en retournent reduits de dix m. a la moitié sous la conduite de Xenophon ce qui est la fameuse Retraitte des Dix Mille. | | | 3.94 | | Micyon | Retraite des Dix Mille: Voy Colonne de Perse. | | 352 | Trib. Mil. | | Retraite des Dix Mille. | Xenophon fameux Capitaine Orateur Historien et Philosophe. |
| 3653 | 401 | 4313 | | | | | | 4.94 | | Exænete | Restablissem.t du Gouvernem.t Democratiq. et expulsion des 30 Tyrans cy dessus, le tout par Thrasibule et Pausanias, le I.r general des Atheniens, et l'autre Roy de Sparthe. | Pausanias deposé pour les dictes tables qui vouloient regner en Tyrans. Agesilaus 19. 40. qui vainquit ... par la faveur de Lysandre et peu apres il est chassé puis rapellé. | 353 | Trib. Mil. | et prend Veies et pour accomplir le voeu fait à Apollon pour cette victoire, les Dames Rom. contribuent de leurs joyaux. | | Trasibule |
| 3655 | 399 | 4315 | | Oresteas 13. sous la tut. d'Aeropus | | Matatias | | | | | | | | | | | |
| 3659 | 395 | 4319 | | Pausanias 4. 1. | | | | 2.96 | | Diophant. | Ligue des Athen. Thebains Corinthiens et Argiens contre les Lacedemon. ce qui cause le rappel d'Agesilaus. | | 358 | Trib. Mil. | Camille Dictateur deffait les Falisques. | | |
| 3660 | 394 | 4320 | | Amyntas II. 1. | | | | 3.96 | G. Cor. | Eubulides | Guerre Corinthique entre les Cor. Theb. et Ath. contre les Lacedemon. Durant 8 Ans. | Agesipolis I. 21. 15. sous la tutelle d'Aristodeme. | 360 | Trib. Mil. | Justice remarquable de Camille qui renvoie les Falisques ... le Maitre d'école luy avoit fait de luy livrer leurs enfans. | | Mort de Conon chef des Atheniens |
| 3661 | 393 | 4321 | | Argæus 16. 2. | | Azor | | | | | | | | | | | |
| 3663 | 391 | 4323 | | Amintas dessus chef 21 | | | | | | | | | | | | | |
| 3664 | 390 | 4324 | | | | | | 3.97 | Bat. d'Allia | Demostrat. | Thrasibule General des Athen. est tué dans la Pamphilie par les Aspandiens qui favorisoient les Lacedemon. son successeur fut Iphicrate. | | 364 | Lucret. Sulp. | Fam. bat. sur le fl. Allia entre les Rom. et Gaulois qui sous leur Brenn. prennent Rome laquelle ensuite est delivrée par le vaillant Camille dit pour ce second Romule et Restaurateur de Rome. | Rome prise et pillée par les Gaulois sous Brennus puis delivrée par Camille ... ravage l'Italie. | |
| 3667 | 387 | 4327 | XII Dyn. des Sebennites ... D. 38. | | | | | | | | | | | | | | |
| 3668 | 386 | 4328 | | | | | | 3.98 | | Mistichides | | Les Lacede. font razer Mantinée et le Roy Agesipolis en abat les murailles puis la divise en 4 villages. | 368 | Trib. Mil. | | | Ctesias |
| 3670 | 384 | 4330 | | | | | | 1.99 | | Diotrephe | | | 370 | Trib. Mil. | Manli. dit Capitolin. pour ses beaux exploits en la deffense du Capitole contre les Gaulois est convaincu de brigue à la Royauté et pour cela precipité du haut de ce mesme Capitole. | | Naiss.ce d'Aristote |
| 3674 | 380 | 4334 | | | | | | 1.100 | | Pytheus | | Cleombrote 12. 9. | 374 | Trib. Mil. | | | Architas Tarentin |
| 3680 | 374 | 4340 | | | | Pontifes | | 3.101 | | Socratides | Demolissem.t de la ville de Platée par les Thebains qui declarent la guerre aux Atheniens. | | 380 | Anarchie | Anarchie de 5 ans. | | Pelopidas et Epaminondas |
| 3683 | 371 | 4343 | | | | Jaddus 41. | Depuis la mort de Nehemie arrivée autour de ce temps, il n'y eut plus de Gouverneurs separez, mais les affaires en general tant ecclesiastiq. que Milit. et Civiles furent administrées par les Pontifes ce qui commença principalement sous Iaddus 38e depuis Aron. | 2.102 | Bat. Leuctriq. | Phrasiclide | Celebre Bat. Leuctriq. en Bœotie gagnée par les Thebains sur les Lacedemonie. qui y perdent mesme leur Roy Cleombrote par la valeur d'Epaminondas. | Agesipolis II. 13. 1. | 383 | 4. | | | |
| 3684 | 370 | 4344 | | | | | | 3.102 | | Dysnicetus | | Cleomenes II. 24. 60. | 384 | 5. | | | Artemise et Mausole. |
| 3685 | 369 | 4345 | | Alex.dre II. 1. | | | | 4.102 | | Lysistrat. | | | 385 | Trib. Mil. | | | |
| 3686 | 368 | 4346 | | Ptol. Alorites 4. | | | | 1.103 | | Nausigenes | | | 386 | Trib. Mil. | | | |
| 3688 | 366 | 4348 | | | Artaxerxes Ochus 10. 26. | | | 3.103 | | Cephisodor. | | | 388 | Trib. Mil. | | | |
| 3689 | 365 | 4349 | | | | | | 4.103 | | Chio | | | 389 | Man. Lat. | Retour aux Consuls et mort de Camille deux ans apres la deffaite des Gaulois par sa vale. mort aussi de 3 Tribuns et un Ædile tous 5 de la Peste prodigieuse guerie 3 ans apres par le Cloud de Manlius Imperiosus. | | Platon fleurit |
| 3690 | 364 | 4350 | | Perdiccas III. 1. | | | Histoire de Iudith et d'Holoferne suivant les raisons que j'en donne en mon traitté des remarques sur les difficultez de l'Histoire S.te | 1.104 | | Timocrates | | | 390 | Avent. Shal. | | | |
| 3691 | 363 | 4351 | | | | | | 2.104 | Bat. de Mantinée | Charicleides | Epaminondas chef des Thebains attaque la ville de Sparthe, et est repoussé par Agesilaus, puis celle de Mantinée alliée des Lacedemon. et Athen. où les Thebains sont plus heureux qu'à l'attaque de Sparthe, ayant gagné la fameuse bataille de Mantinée, mais aussy leur vaillant chef Epaminondas y perit. | Sparthe attaquée par Epaminondas et bat. de Mantinée. | 391 | S. Pa. C. Stol. | | Bat. de Mantinée | Aristippe chef des Cyrenaiques |
| 3692 | 362 | 4352 | | | | Nahat | | 3.104 | | Molo | | Archidam. 20. 23. il succede a son pere qui meurt en son expedition au secours de Tachos ou Nectanabo Roy d'Egypte. | | | | | |
| 3694 | 360 | 4354 | | Philippe 20. 24. | | | | | | | | | | | | | |
| 3696 | 358 | 4356 | | | | | | 3.105 | G. Sociale | Cephisodor. | Guerre sociale de 3 ans contre les Athen. qui y perdent leur General Chabrias. | | | | | | |
| 3698 | 356 | 4358 | | | | | | 1.106 | | Elpinus | Incendie du Temple de Diane à Ephese et Naissance d'Alexandre le Grand. | | 398 | Mal. Rut. | | Naiss.ce d'Alex. le Gr. | |
| 3699 | 355 | 4359 | | | | | | 2.106 | Guer. Sacrée | Callistratus | Guerre sacrée de dix ans a l'occasion du pillage du Temple d'Apollon à Delphes, que les Grecs veulent vanger contre les peuples de la Phocide, les Athen. et les Lacedemon. ledit Pillage avoit esté fait a l'instigation de Philomele chef desd. Peuples de la Phocide. | | 399 | F. Amb. T. Lan. | | Mort de Mausole Roy de Carie. | |
| 3700 et 1 | 354 et 2 | 4360 et 1 | | | | | | 3.106 | | Diotimus | Philomele voyant ses Compatriotes vaincus par les Thebains et Locriens, se precipite par desespoir du haut d'un Rocher qui estoit une des 3 sortes de mort pour les sacrileges; ses deux successeurs Onomarque et Phraele soutenans la mesme cause perirent des 2 autres, l'un noyé dans la Mer, l'autre brulé dans le Temple d'Ales. | | 400 | S. Pa. V. Pob. | | | |
| 3705 | 349 | 4365 | XIII Dynastie des Perses ... sous Och. 3. D. 19. | | | | | 4.107 | G. de Macedoine | Callimac. | Guerres de Philippe de Macedoine contre les Athe. et autres Grecs, Cause des harangues de Demosthenes. | | 405 | P. Lena. C. Scip. | | | Demosthene et son adversaire Æschines fleurissent |
| 3708 | 346 | 4368 | | | | | | 3.108 | | Archias | Timoleon fameux Capit.ne de Corinte est envoyé en Sicile au secours des Siracusains où il chasse Denis le jeune qui fut contraint de gagner sa vie en Maitre d'école a Corinte; et ainsy la Sicile recouvra sa liberté ce qui ne fut pleinem.t accomply, neantmoins qu'en 4376. et c'est le IV. Estat de Sicile. | | 408 | Manl. Venur. | | IV. Estat de Sicile le Retour a la liberté et Institution ensuite des ... jusqu'à la prise de Siracuse. | |
| 3711 | 343 | 4371 | | | | | | 2.109 | Guer. Samniq. | Pythodor. | | | 411 | Val. M. ... | Guerre Samnitique de vingt deux ans. | | Diogene le Cinique fleurit |
| 3714 | 340 | 4374 | | | Arses, il succede a son Pere Artaxerxe qui est empoisonné par Bagoas. 4. | | | | | | | | | | | | Epicure naist |
| 3716 | 338 | 4376 | | | | | | 3.110 | Bat. de Cheronée | Charondas | Celebre Bataille de Cheronée gagnée par Philippe contre les Athen. et Thebains, où Alexandre donna les I.res preuves de son Courage, puis ledit Philippe repudie sa femme Olympias, ce qui fait retirer son fils Alexandre de sa Cour. | Agis II. 21. | 416 | Manl. Philo. | La Tribune aux harangues est parée des Eperons des Navires des Antiens, et l'an suivant la Vestale Minutia est enterrée toute vive pour avoir laissé esteindre le feu sacré. | | |
| 3718 | 336 | 4378 | | Alex.dre le Gr. | Darius Codoman 13. 6. fils d'Arsame de la fam. Roy.le de Perse succede à Arses qui aussi bien que son pere est empoisonné par Bagoas. voy Colonne Grecq. | | | 1.111 | | Pythodorus ou Demo. | Mort de Philippe de Macedoine qui est tué par Pausanias l'un de ses gardes dans Ægas ville de Macedoine, au milieu des Ieux publics. | | | | | | |
| 3719 | 335 | 4379 | | | | | | 2.111 | | Evænetus | Alexandre le Grand apres avoir civilem.t receu Demosthene et les autres Deputez des Atheniens est declaré dans l'assemblée génle tenue à Corinte Generalissime des Grecs contre les Perses, contre lesq.ls la Grece avoit tousjours eu guerre depuis longtemps. Puis les Theb. s'estans revoltez il fit raser leur ville ne pardonnant qu'à la maison de Pindare. | | | | | | Aristote fleurit. Protogene et Apelle le fameux peintre |
| 3720 | 334 | 4380 | | I.re Bat. sur le Granique | Alex. passe l'Hellespont et livre la I.re bat. a Darius sur le Granique où il le met en deroute mais court le plus grand risque de sa vie, son casque ayant esté ouvert d'un coup de Cimeterre, et fut delivré par Clitus qui abat les 2 mains qui alloient redoubler. | | Sanaballat Gouverne. de Samarie pour Darius, dont Manassé frere de Iaddus fut Sacrificateur par la permission d'Alexandre, ce qui est la cause et l'Origine du Samaritanisme, ou Schisme des Samaritains et des Iuifs. | 3.111 | Bat. Granique | Ctesiclas | Darius luy ayant livré la 2e bat. est vaincu et perd non seulem.t tout son bagage mais aussy toute sa famille: Sisigambis, Statira mere et fille, Parisatis et le petit Ochus, qu'Alexan. ayant pris prisonniers, va voir dans leur tente, et les traitte avec respect accompagné d'Ephestion que par meprise elles saluerent pour luy. | | | | | | |
| 3721 | 333 | 4381 | | 2.e Bat. sur d'Ysso. | voy Colonne Grecq. | | | 4.111 | Bat. d'Ysso | Nicocrates | Alexan. tombe malade, est guery par son Medecin Philippe, puis se saisit du M. Taurus et de la ville d'Ayazzo ou ... | | | | | | |
| 3722 | 332 | 4382 | | | | Nagge | Edification du Temple en Garizim par San. | 1.112 | | Nicetratus | Les Grecs envoyant une Couronne d'or à Alexand. le reconnoissent tousjours pour Maitre excepté les Lacedemon. qui sous la conduite de leur Roy Agis se saisirent de Candie au nom du Roy Darius. | Les Lacedemon. se saisissent de Candie au nom de Darius. | | | | | |
| 3723 | 331 | 4383 | | 3.e Bat. sur d'Arbelles | Alexandre entre en Egypte et va voir le temple de Iupiter Ammon, puis fait bastir la ville d'Alexandrie, et ayant refusé la paix à Darius luy livre la 3e et derniere bat. proche d'Arbelles, où il acheve de le vaincre entierement. | | Iaddus reçoit avec une Maiesté Pontificale Alexandre le Grand dans la ville de Ierusalem et led. Alexandre le traitte fort respectueusem.t | 2.112 | Bat. d'Arbelles | Aristophan. | | | 423 | Cosscus Cal. | 170 Dames Romaines punies de mort pour Cause de sortilege. | | |
| 3724 | 330 | 4384 | XIV Dyn. sous Alexandre D. 6. | ALEXANDRE | le Grand ayant entierem.t deffait Darius met fin a la Monarchie des Perses et commence celle des Grecs. voy Colonne grecque d'Athenes et la table suivante. | | Icy les Iuifs commencent a relever des Grecs comme ils faisoient auparavant des Perses. | 3.112 | | Aristophô. | Darius apres la bataille d'Arbelles s'enfuit dans la Medie où Alexand. le poursuit apres avoir pris Babilone. Il va donc dans la Susiane et s'assied dans le Throsne de Darius, puis passant en Perse pille Persepolis, et épris de vin fait mettre le feu au Chasteau Royal demeure ordinaire de ces Roys; passe jusqu'aux portes Caspiennes où il avoit apris que l'Infidele Bessus tenoit son Roy prisonnier et ce traitre tue ensuite ce malheureux Prince en qui finit ainsy la Monarchie des Perses apres une durée de 208 ans. | | | | | | |

Par I. Rou. A.l.et A.o 1672. avec Privil. du Roy pour 10 Ans.

Fin de la III.e Table.

A Paris Chez l'Autheur au Faub. S.t Germ. Rue des 4 Nations vis a vis celle de Guenegaud au logis du S.t Ferdinand. Gravé par J. de Lapointe.

# IV. TABLE de L'HIST.RE UNIVERSELLE ANCIENE Contenant l'Etat du Monde sous la Monarchie des Grecs, 3.e des 4.

III.e MONARCHIE du Monde asavoir des GRECS, soux ALEXANDRE LE GRAND durant six Ans, et trois cens en tout iusqu' à la defaite de Cleopatre.

| M.de | An J.C. | P.I. | Olimpiades | Arconti. Athen. |
|---|---|---|---|---|
| 3724 | 330 | 4384 | 3.112 | |
| 3727 | 327 | 4387 | 3.113 | |
| 3730 | 324 | 4390 | 1.114 | Agesilas |
| 3732 | 322 | 4392 | 3.114 | Philocles |
| 3736 | 318 | 4396 | 3.115 | Archippus |
| 3739 | 315 | 4399 | 2.116 | Praxibule |
| 3742 | 312 | 4402 | 1.117 | Polemon |
| 3746 | 308 | 4406 | 1.118 | Charin. |
| 3747 | 307 | 4407 | 2.118 | Anaxicrate |
| 3749 | 305 | 4409 | 4.118 | Xenippus |
| 3752 | 302 | 4412 | 3.119 | Nicocles. |
| 3753 | 301 | 4413 | 4.119 | |
| 3754 | 300 | 4414 | 1.120 | |
| 3756 | 298 | 4416 | | |
| 3757 | 297 | 4417 | | |
| 3758 | 296 | 4418 | 1.121 | |
| 3760 | 294 | 4420 | 3.121 | |
| 3766 | 288 | 4426 | 1.123 | |
| 3768 | 286 | 4428 | 3.123 | |
| 3770 | 284 | 4430 | 1.124 | |
| 3772 | 282 | 4432 | 3.124 | |
| 3773 | 281 | 4433 | 4.124 | |
| 3774 | 280 | 4434 | 1.125 | Gorgias |
| 3775 | 278 | 4435 | 2.125 | Anaxicrit |
| 3776 | 278 | 4436 | 3.125 | Damocles |
| 3790 | 264 | 4450 | 1.129 | |
| 3791 | 263 | 4451 | 2.129 | |
| 3792 | 262 | 4452 | 3.129 | |
| 3794 | 260 | 4454 | 1.130 | |
| 3799 | 255 | 4459 | 2.131 | |
| 3802 | 252 | 4462 | 1.132 | |
| 3805 | 249 | 4465 | 4.132 | |
| 3807 | 247 | 4467 | 2.133 | |
| 3808 | 246 | 4468 | 3.133 | |
| 3811 | 243 | 4471 | 2.134 | |
| 3812 | 242 | 4472 | 4.134 | |
| 3815 | 239 | 4475 | 2.135 | |
| 3816 | 238 | 4476 | 3.135 | |
| 3822 | 232 | 4482 | 4.137 | |
| 3826 | 228 | 4486 | 1.138 | |
| 3827 | 227 | 4487 | 2.138 | |
| 3830 | 224 | 4490 | 1.139 | |
| 3831 | 223 | 4491 | 2.139 | |
| 3832 | 222 | 4492 | 3.139 | |
| 3833 | 221 | 4493 | 4.139 | |
| 3835 | 219 | 4495 | 1.140 | |
| 3836 | 218 | 4496 | 3.140 | |
| 3837 | 217 | 4497 | 4.140 | |
| 3838 | 216 | 4498 | 1.141 | |
| 3840 | 214 | 4500 | 3.141 | |
| 3841 | 213 | 4501 | 4.141 | |
| 3842 | 212 | 4502 | 1.142 | |
| 3845 | 209 | 4505 | 4.142 | |
| 3847 | 207 | 4507 | 2.143 | |
| 3848 | 206 | 4508 | 3.143 | |
| 3849 | 205 | 4509 | 4.143 | |
| 3850 | 204 | 4510 | 1.144 | |

## EGYPTE 15.e Dyn. — MACEDOINE II. Etat — ASIE Mine. — SYRIE — PERSE VII. Etat — GUER. et BATA.

Le Tout soux ALEXANDRE dit LE GRAND

Division

Ptolemee 1. fils de Lagus — XV. Dyn. Lagides Na. 294. — Aridee 1. de Philippe fr. Soubs la tutelle de Perdiccas et Antipater. — Antigone. — Seleuc. Nicanor 1. 43.

III. Etat N. 15. D. 136. — Cassander 19. — Philippe 3. — Antip. et Alexand. 4. — Demet. Polior. 5. — Pirrhus 6. 7m. — Lisimachus 7. 6. puis sa femme Arsinoe. — Arsinoe veuve de Lisimac. — Ptol. Cerau. 8. 1.5 m. — Meleagre 9. 2 m. — Antipater 10. 45 io. — Sosthenes 11. 2. — Antig. Gonat. 38. — Demetrius 12. 10. — Phil. dosso. 14. 33. souz la tutele de son Cousin Antigonus.

Le Gr. Seleucus Nic. seul en tous les 2. Etats de Syrie et d'Asie. — Antiochus Soter. 2. 19. — Antiochus Theos. 3. 15. mourut empoisonné par sa femme Laodice; surnomé Dieu par les Milesiens par ce qu'il tua les Tyrans Timarque. — Seleuc. Callinic. 4. 20. — Seleuc. Ceraun. 5. 3. — Antioch. le grand 6. 37. succede à son frere qui est empoisonné par Apaturi. et Nicanor, ceux d'un Attale Roy de Pergame qu'il alloit combatre.

Philadelfe 37. — Evergetes 26. — Philopator 17. — Epiphanes 23.

VII. Etat sous les Macedoniens et sur tout en Asie et Seleucus Nic. pour les 1ers et 4. pour les 2. D. 78. — Le detail de ce VII. Etat est compris dans la grande Colonne des affaires de Grece ou Athenes. — VIII. Et. Parthes en Arsace 1. N. 23. D. 477. sur quoy voyez la Colonne Gr. ou d'Athenes. — Mithridate 3.

Bat. de Cranon. — Bat. d'Ipse. — G. contre Pirrhus. — I. G. Puniq. D. 17. — G. Liguriq. — G. Æto. — 2. G. Punique. — Bat. de Trasimene. — Bat. de Cannes. — G. Achoe.

## VII. ETAT d'ATHENES sous Alex. D. 6. ans.

ALEXANDRE dit LE GRAND qui ayant detruit la Mon. des Perses comence celle des Grecs.

Alex. ayant acheve de conquerir toute l'Asie jusqu'aux Indes surmonte Porus Roy desd. Indes.

### VIII. ETAT demembrem.t Crater.s et Arcontes D. 178.

Alex. agé de 32. ans et demy meurt dans Babilone et ses Capitaines partagent son Empire entr'eux la Grece en particulier estant sous Craterus et les Arcontes continuent.

Les Grecs taschant de se remettre en leur 1.re liberté sont vaincus en la bat. de Cranon par Crater.s et Antipater.

Les Athen.s se donnent a Cassander rejettant Polisperchon mort d'Aridee et success. de Cassander qui abroge la Democratie d'Athenes.

Antigon.s ayant defait Eumenes colonel des Argiraspides les d. Arg. pour ravoir leur bagage le livrent chargé de chaines audit Antigon. qui le fait mourir.

Seleuc. joint à Ptol. reprend la V. de Babilone sur Antigon. qui la luy avoit prise 3. ans auparavant et donne par la comencem.t au Roy.e des Maced. dans la Syrie et à la fam. Ere des Grecs dits Seleucides ou Contracts.

Demet. Poliorcetes I. e. preneur de villes delivre les Athenie.s des chaines de Cassander et Phalereus, ce qui les luy rend amis et pour ce, ils luy consacrent le 26. jour de may, sous le nom de Soterias I. e. Sauveur.

Siege de Rhodes par Demetrius Pol. et Creaon de ce celebre COLOSSE par les Rhodiens en rejouissance de la levée dudit siege apres quils eurent fait leur accommodem.t l'année suivante.

Demetr. est declaré generaliss. des Grecs, et veut estre initié aux Secrets mysteres de Ceres.

Sanglante bataille proche la V. d'Ipse entre Antigon. Demetrius Pirrh.s et les Roys Cass. Seleuc.s et Lisimach.

Demetrius Polior. ayant succedé à son pere Antig. donne en mariage sa fille Stratonice à Seleuc. Nica. Roy de Syrie, et faisant mourir sa feme Deidamie soe.r de Pyrrh.s epouse Ptolemaide fille de Ptolomée, alors aussy arriva la Tyranie de LACHARES à Athenes.

Demetrius prend la Ville d'Athenes, en chasse L'Acharis, traitte amiablem.t les Athe.s puis va dans le Pelopon.s ou il defait 2. fois les Laced. et le.r Roy Archidam.

Demetr. chasse Antipater du Roy.e de Maced. et Seleucus Nic. cede sa femme Stratonice à son fils Antioch.

Les Macedon.s chassent Demet. du Roy.e qui devient la proye de Pyrrh.s Roy des Epirotes, puis de Lysimach. Abrogation du Prestre des Sauveurs instituez cy devant pour la mesme raison que le jour Soterias et en mesme temps Et Seleucus Nic. ayant emprisonné son beaupere Demet.s devient par là seul maistre des 2. Royau.s de Syrie et Asie.

Demetrius depouillé de tous ses honneurs et Etats meurt chez son gendre.

Ptol. est dit Philadelfe par Antifrase parce qu'il fit mourir tous ses freres; d'autres prennent ce nom au pied de la lettre.

Lisimac.s combattant contre Seleucus perd la vie laissant son Roy.e à sa veuve pendant quelques mois. son corps fut trouvé par le moyen de son chien qui ne le quitta point.

Ptol. Ceraun.s epouse sa sœur Arsinoé veuve de Lisim. et usurpe la Couronne de Macedoine.

Pt. Cer. ayant esté tué en bat. par les Gaulois qui avoient fait irruption dans la Grece, a pour successeurs l'un apres l'autre Meleagre, Antipater, et enfin le vaillant SOSTHENE à qui les Maced. deferent la Couronne en reconnoissance de ce quil les avoit delivrez des Gaulois.

— Brennus.

Antigon.s Gonat. fils de Demetri.s Polior. succede à Sosth.s tué par les Gaulois dans la 2. irrupt. quils firent.

Vn homme scavant de l'Isle de Paros fait un recueil de plus.rs Epoques anciennes qui furent depuis marquées sur des marbres fort celebres aujourdhuy souz le nom du Conte d'Arondel qui les fit venir de Grece en Angleterre et obligea I. Selden de les Commenter.

Cette mesme année la Ville d'Athenes fut prise par Antigon.s Gonatus qui y etablit Garnison apres en avoir chassé les Gaulois mais l'an suivant il la remit en liberté.

Icy doit estre placée la fameuse Pleiade des Poëtes puis qu'alors ils vivoient tous.

Seleucus dit par derision Callinicus I. e. grd. vainq.r par ce qu'il fut toujours malheureux succede à son Pere qui est tué par sa femme Laodice.

Les Parthes s'estant revoltez contre les Macedon.s Seleucides, elisent un Roy de leur nation ap.le Arsaces Tige de la lignée des fameux Arsacides. Ce qui fait le VIII.e Etat de Perse.

Aratus Preteur des Achéens surprend par finesse la Citadelle de Corinte nommée Acrocorinte, et en chasse la garnison qu'Antigonus Gonat. y tenoit.

| M.de | A.J.C. | P.I. |
|---|---|---|
| 3813 | 241 | 4473 |

Cleomene fameux par ses exploits contre les Achéens succede en la Couronne de Sparte à son pere Leonidas et epouse la veuve du feu Roy Agis.

| M.de | A.J.C. | P.I. |
|---|---|---|
| 3825 | 229 | 4485 |

Guerre des Ætoliens aidez de Cleomene Roy de Sparte contre les Achéens assistez d'Antigone Tut.r de Dosson.

Renversement du Colosse de Rhodes par un tremblem.t de terre. Il demeura sur la place 873. ans, iusqu'à l'an de Christ 653. que Muhavias Sultan d'Egypte le vendit à un Marchand qui en chargea l'etoffe sur 900 Chameaux.

Antigon.s tute.r de Phil. Dosson, livre la bat. à Cleomene, le defait et le contraint de s'enfuir en Egypte vers Evergetes, et prend Sparthe qui dur.t 3. ans est gouvernée par 5. Prevosts electifs.

Comencement du Licentieux regne de Philopator, ainsy nommé par antifrase par ce qu'il fit empoisoner son Pere, et en suitte mourir sa mere son frere, et sa sœur.

Cleomene estant mort les Lacedemon.s elurent pour Roy Agesipolis mais qui ne dura gueres, et encores sous la tutele de son oncle, et côe il y avoit coutume de 2. Roys à Sparte, un nommé Licurgue se fit elire pour l'autre par corruption de presens, n'etant pas de la race des Heraclides.

Fameux siege de Syracuse par le Consul Marcellus, et Ingenieus.es Machines d'Archimede.

Guerre des Achéens et de Phil. de Maced.ne contre les Rom. où les Ætoliens associez des Romains sont vaincus proche de Messene dans le Peloponese.

Philopœmen Preteur des Achéens tue en bat. auprès de Mantinée le Tyr. Machi. à qui Nabis succede.

## LACEDEMONE. Agides. Proclides.

40.e année de Cleomene. — Eudamidas fils d'Archidam. et pere d'Agis. — Acrotatus mort sans regner. — Areus 1. 44. tuè en une bat. que donnerent les Lacedemo. contre les Argiens. 4408 — Archidamus 23. — Defaite des Laced. par Demetrius. — Acrotat.s 8. son pere ayant esté tué devant Corinthe. — Eudamidas. — Areus II. 6. fous la tutele de Leonidas. — Leonidas II. fils de Cleonime. — Agis III. 15. — Leonidas seul, car Agis voulut reformer Sparte est tué par les Ephores. — Cleomene 16. — Il tuë et supprime tous les Ephores. — Grandes victoires de Cleomene. — Cleomene. — Sa defaite par les Achéens et fin des Heraclides à Sparte qui est prise par Antigonus. — Agesipolis et Licurgue. — V. Etat Tyr. N. 2. D. 36. — Machanidas 1. 3. — Nabis 2. 14.

## Gene. de J.C. — Salat. — S. Mat.

Heli. — Sadoc. — Nahum. — Achin. — Amos. — Eliud. — Mathatia. — Ioseph. — Iauna. — Melchi. — Levi. — Eleaz.

## PONTIFES

Onias I. 39. 21. — Simon I. 44. — Eleazar 41. 32. — Manasses 42. — Onias II. 43. 14. — Simon II. 44. 25. — Onias III. 45.

## HISTOIRE S.TE Continuation du VI. ETAT.

Les Iuifs qui depuis le retour de leur Captivité par la permission de Cyrus avoient toujours relevé des Roys de Perse, Comencent icy par la mesme raison à relever des Grecs, puisque ceux cy venoient de domter ceux là: Ainsy IUIFS RELEVANS des GRECS mais cela sera plus en son entier en 4402.

Les Iuifs etant tombez en la puissance des Grecs par les victoires generales de Seleucus en tout l'orient comencent à se servir en tous leurs actes publics de la fameuse Ere des Grecs ou Seleucid. et Contracts.

Souz ce Simon qui fut surnomé le juste a cause de sa pieté, Les Iuifs furent en paix pendant que les successeurs d'Alexandre se combatoient en Grece et en Asie pour la Monarchie.

Environ ce tems Ptolomée Philadelfe Roy d'Egypte envoya des Ambassadeurs et des presens magnifiques à Eleazar afin quil luy adressast de savans Iuifs pour luy traduire la Bible en langue grecque.

Les 70. Interpretes traduisent la S.te Bible d'Hebreu en grec par les soins de Ptolomée Philadelfe qui de plus faisoit travailler assiduement à la Construction de sa fameuse Bibliotheq. Cette traduction fut achevée la 4.e année de l'Olimpiade 127 selon Epiphane.

Environ ce tems Iesus fils de Sirach publia son Livre de l'Ecclesiastiq. comme il paroist par la preface, où il est parlé de Ptolomée Evergetes.

Cest de ce Simon que les Asmoneens ont pris le.r nom et leur Origine.

Philop. Roy d'Eg. voulant entrer dans le plus secret du T. inaccessib. à tout autre qu'au Gd. Prêtre en est empesché par une peur divine.

Persecution des Iuifs qui etoient en Alexandrie par Philopator qui les fait exposer dans l'hippodrome pour estre foulez aux pieds des Elephans, mais ils sont miraculeusem.t delivrez par deux Anges.

Les Iuifs delivrez par le miracle de cy dessus demandent au Roy la permission de se retirer, et de faire punir ceux qui s'estoient revoltez d'entr'eux ce qui leur est accordé. ils l'executent, puis rendent graces au Roy Philopator et s'en vont, et arrivez à Ptolemais ils y font un festin et resolvent den celebrer tous les ans la feste, et y erigent une colonne pour memoire.

## ROME

| Ans de Rome | Consuls | ROME Continuation du IV. ETAT. aux Coss. | LES EPOQUES et autres hist.res | HOMMES Illustres. |
|---|---|---|---|---|
| 424 | Marc. Pot. Flac. | | Periode Calipiq. | Euclide |
| 427 | Corn. Scip. Prec. Ven. | Il ne s'est rien passé de Considerable en tout ce grand intervalle Que | 1.re Dyn. d'Escosse en Ferrus I. N. 31. D. 755. | Porus Roy des Indes |
| 430 | Fur. Cam. Iu. Br. | | Ære Philippiq. | |
| 436 | Plaut. Ven. Iuf. Fl. | Le Pavement du Grand chemin dit Via Appia Clodia par Appius Clodius l'an de Rome 442. | | |
| 439 | Po. Cur. Pu. Phi. | | Commencem.t du Roy.e de Bithynie | Phocion |
| 442 | Pap. Cur. Iun. Br. | | Ere des Seleucides ou Contracts. | |
| 447 | Cl. Cæc. Flamm. | L'Aveuglem.t dud. Appius Clodius pour une entreprise temeraire environ ce tems. 4410 | Colosse de Rhod. | |
| 453 | Cor. Soph. | La paix avec les Samnites l'an de Rome 450. | Bat. d'Ipse. | |
| 454 | Corv. Pansa. | | | |
| 460 | Meg. Regul. | En Le Renouvellem.t de la dite Guerre Samnitiq. vers l'an 461. laquelle finit en 482. | Macedoine conquise par Demetrius Poliorc. | Pirrhon le Sceptique |
| | | | | Menandre |
| 468 | Val. Pu. Æl. Part. | | | Theophraste |
| 470 | Tucca Metell. | | Commencem.t du Roy.e de Pergame en Philetære N. 6. D. 151. | Straton de Lampsaque |
| 473 | Æm. Bar. M. Ph. | Guerre contre Pyrrh.s Roy des Epirotes. | | |
| 474 | Levin Corv. | | Irruption des Gaulois en Grece sous Brennus | |
| 475 | Saver. Mur. | Pyrrh.s envoye en ambass. Cineas à qui le Senat paroist une assembl. de Rois. | Brennus qui alla en Grece | Theocrite et Aratus. Apollonius |
| 476 | Fabri. Æm. Pa. | Fabrice Cos. R. fameux po.r sa vertu à vertus Pyrrh.s de la trahison de son Medecin, et refuse ses presens. | Francs sous Brennus | Epicure. |
| 490 | Caudex Flac. | I. G.re Puniq. au sujet des Mamertins qui etant attaquez par les Carthaginois apellent les R.s à le.r secours. | Marbres du C.te d'Arondel. | Zenon chef des Stoiciens. les 70 interpretes de la Bible. Manethon et Berose |
| 494 | Asina Duil. | Triomfe du Consul Duilius pour sa victoire sur les Carthaginois | | |
| | | Amilcar estoit environ ce tems chef des Carthaginois | | Amilcar |
| 502 | Cotta Gemi. | | PLEIADE des Poëtes. | Plei. des Poëtes |
| 507 | Cæc. Met. But. | | | |
| 508 | Crass. Fab. Lic. | | Revolte des Parthes et le.r Monarchie. | Iesus fils de Sirach |
| 511 | Fund. Sulp. | | | |
| 513 | Luct. Tor. | | | |
| 515 | Turr. Flacc. | | | |
| 516 | Grac. Falto. | Guerres Liguistiq. Illiriq. et Gauloise toutes 3. en mesme tems | | |
| 525 | Posth. Fulv. | | | Annibal |
| 526 | Corv. & Fa. Cu. | Amilcar mourant fait jurer sur un autel à son fils Annibal qu'il n'auroit jamais de paix avec les Romains. | | Caton |
| | | | | Chrysippe |
| 530 | Flac. Torq. | | Renversem.t du Colosse de Rhodes. | Eratosthene |
| | | | | Polibe |
| 533 | Asin. Rufus. | | | |
| 536 | Scip. Semp. | 2.e Guerre Puniq. de 17. ans ou le Cos. P. C. Scipio est defait vers Pavie par Annibal | | Asdrubal. |
| 537 | Flami. Gem. | Bat. de Trasimene où Flaminius est tué et Fabi.s le temporiseur etant creé Dictateur retablit les affaires. | | Massinissa |
| 538 | P. Æm. T. Varr. | 40000 Rom. defaits à la Bat. de Cannes par Annibal qui en eñvoye à Cartage 3 boisseaux d'anneaux des Chevaliers Rom. qui avoient eté tuez. | VI. Et. d'Espagne ass. Romains en la pers. des Scipions. | les Scipions |
| 541 | F. Cunc. S. Grac. | Alliance des Scipions avec Sipha. R. de Numidie par le discernem.t du ver. et le jeune R. Massinissa. | | |
| 542 | Flacc. pulcr. | Prise de Syracuse, mort d'Archimede et celle des 2. Scipions en Espagne, et envoy d'un autre qui fera le grand Africa. | Fin du Roy.e de Sicile par la prise de Syracuse. | Archimede Marcellus |
| 545 | F. Cunc. Ful. | | | |
| 547 | Sal. Nero. | Mort d'Asdrubal, victoires de Scipion en Espagne son passage en Affriq. avec Lel. d'où il visite Syphax, et fait amitié avec Massinissa. | | |
| 549 | Scip. Af. Li. Cr. | Deputation vers Attale R. de Pergame pour avoir la Statue de Cybele qui est receu.e chez Nasica. | | |
| 550 | C. Seth. & Tud. | Defaite des Carthaginois, et attaque d'Vtiq. par le grand Scipion qui combat aussy Syphax. | | |

Bat. de Cynocephale en Thessalie gagnée par Quinct. Flam. Cons. R. contre Phil. de Macedoine.

Fin de la Guerre des Rom. contre Philippe de Maced. et liberté anoncée aux Gr. sur les Ieux Isth.

Guerre d'Antioch. le Grd. contre les Rom. Prise de Sparthe par les Œtoliens qui tuent Nabis mais en sont chassés ensuite par le vaillant Philopœmen.

Mort du Tiran Nabis.

Philopœmen s'estant rendu maitre de Sparthe en rase les murailles, abroge les loix de Licurgue, et soumet le P. aux Achéens come un petit canton de Republiq.

VI. ETAT. des Achéens par Philopœmen depuis quoy on ne parle de certain de La cedemone voyez icy a coste.

Persée voyant son pere mort à Thessaloniq. fait mourir Antigon. son competit. au Roy. et monte sur le Throne.

Persée se preparant à la G. contre les Rom. envoye des deputez à Cartage qui furent admis de nuict et à la sourdine, et tasche de gagner les Grecs principalement les Achéens.

G. des Rom. contre Persée sous le Cōs. Lic. Crass. qui etant entré en Grece avec une puissante armée y est defait d'abord mais a sa revanche ensuite.

Fin du R. de Maced. et sa reduction aux Rom. par le Cōs. P. Æmile apres une durée de 646 ans depuis Caran. jusqu'à Persée qui est pris et mené au Camp du Cōs. tout vestu de noir, et de là en triomfe derriere son char.

Metal si celebre du Corinthien ensuite de quoy le Pays fut rasé et reduit en provin. Rom. et le Consul Mummius sous qui s'acheva cette guerre en remporta outre l'honneur du Triomfe le surnom d'Achaiq. alors la Grece coméca d'estre entierem. sous la Domin. des Rom. ce qui fait le 9. Etat selon aucuns, mais nous le differons jusqu'au tems de Sylla.

Guer. Achaiq. pour le mauvais traitem. des Ambassad. Rom. Fameuse prise et incendie de Corinte d'où vint le

Carneades Prince de la Nouvelle ou 3. Academie, et grd. Phe. se fait mourir de poison.

4597 Environ ce tems Antioch. Cizicen. voulant se faire Roy fait la Guerre contre son frere uterin Grypus qui est aussi son Cousin germain. 4601

Pacorus Roy des Parthes contracte alliance avec les Rom. environ ce mesme tems, mais l'ambassadr. qu'il avoit depesché pour ce sujet permit que Sylla s'assit entre luy et Ariobarzane Roy de Cappadoce. Il le fit ecorcher tout vif à son retour.

Fin des Arcontes. Fam. Prise d'Athenes par Sylla: Mort du Tyran Aristion, et fin des Arcontes, ce qui fait le IX. ETAT.

IX. ETAT Romains, en Sylla jusqu'à la divis. de l'empire D. 480

P. I. 4628 | A. I. C. 86 | M. de 3968

Lucull. defait le Gd. Mithridate Roy de Pont qui s'enfuit chez son gendre Tigrane Roy d'Armenie et de Syrie, où Lucull. va poursuivre ses victoires, y defait encore Tigrane qui est consolé dans ce malheur par son beaupere, et Lucull. revient à Rome en triomfe, menant devant luy la Statue de Mithrid. qui etoit toute d'or. Ce Lucull. est fameux pour ses richesses.

Syrie reduite en Province Rom. par POMPÉE Vainq. tout à la fois de Mithridate, de Tigrane, des Arabes, et des Iuifs.

Orodes Roy des Parthes defait les Rom. sous Crassus, en la bouche duquel il fit fondre de l'or po. pour son avarice. Pour la Colonne Romaine.

Fameuses Guer. Civiles de Cæsar et de Pompée, celuy là se voulant rendre maitre de tout, et celuy cy deffendre la liberté de sa patrie, mais il est contraint de s'enfuir en Macedoine où il est poursuivy et vaincu par l'autre en la plaine de Pharsalle, puis fuit en Egypte où il fut tué à l'age de 59 ans par la perfidie des Gouverneurs du jeune Ptol. par où finit la liberté de la Repub. et le IV. Etat de l'histoire Romaine.

Cleopatre seule 14. Iules Cæsar luy avant donné le Royaume come il etoit encore en Egypte et en a pour qui Ptolomée fut noyé dans le Nil.

Fin du Roy. qui passe aux Romains par la Victoire d'Auguste sur Anth. et Cleopatre en la bataille d'Actium.

Fameuse bataille Actiaq. proche le Promontoire Actium en Epire où il fut decidé de la Maitrise de l'univers qui demeura au seul Auguste: Anthoine et Cleopatre s'estant donné la mort.

Jason. Roy Antioch. et obtient de luy la sacrificature à prix d'argent, puis veut abolir les Coutumes des Iuifs, et introduire celle des Gentils.

Iason frere du Gr. Prestre Onias va trouver le nouveau Roy. Antiochus est magnifiquement receu dans Ier. par Iason.

Menelas supplante Iason en offrant plus gr. somme d'argent à Antioch. qui sans le payer luy substitue Lisimaque.

Iason derechef. car etant entré à main armée en Ier. il chassa son fr.

Pillage du T. de Ier. par Antioch. en vangeance de l'attentat cy dessus par Iason, puis martyre des Macab.

Mathathias. Election de Mathathias de la race des Asmonéens par le P.

Iuda Macab. Iuda dit Macabée a cause de sa force et valeur, et du q. tous les succes sont pris ce nom en ordonn. par son pere Matha. pour conduct. du Peuple contre Antiochus.

Victoires de Iuda Mac. et Repurgation du T. par le mesme.

Alcime estably en la place de Iuda par Demetr. q. Iuda defait.

Ionathas. Mort d'Alcime et defaite de son grd. Bacchides par Ionathas.

Environ ce T. Ionat. assiste aux nopces d'Al. Bala et en est honoré.

Demetr. à l'aide de Ionath. entre dans Antioche où il per… ses revoltes puis est chassé, et Tripho se veut mettre en la place de son pupille Antioc.

Simon III. Simon qui venoit de succeder à son fr. mort dans Ptolemaide par Tripho se saisit de Gaze et Sion.

Demetr. Nicator qui retenoit encore quelq. petit coin de son Roy. de Syrie, estant allé en Perse chercher du secours contre l'usurpat. Triphon est fait prisonier et conduit à Phraate Roy des Parthes qui luy donna sa fille Rodogune en mariage.

VII. ETAT Rois, N. 6. D. 103

Aristobule joignant le Diadème à la Thiare comence à se faire appeller Roy.

Alex. Iannée. Car Aristob. ayant fait mourir sa mere et son frere Antigon. laisse son Roy. et sa feme Salomé aud. Alex. autre sien frere lequel l'epousa en montant au trosne.

Hircan. Alex. Iannée etant mort sa femme Salomé luy succéda, ou po. mieux dire son fils Hircan sous le gouvernement de lad. Salomé.

Hircan seul. La R. Salomé Alex. etant morte, Aristob. son 2 fils comence à faire la guerre à son aisné Hirc.

Aristob. Aristob. ayant vaincu son fr. Hirc. pres de Ierico, s'empare du Diadème et de la Thiare.

Hircan derechef. Iuifs TRIBUTAIRES des ROMAINS par POMPÉE qui assiege et prend Ier. un jour de Sabat, retablit Hircan et emmene Aristob. et ses enfans à Rome en triom. où parut cette fameuse vigne d'or d'Aristobule.

Crass. allant faire la guer. aux Parthes pille le T. de Ier.

Cæsar ayant eté secouru par Hircan et Antipater pere d'Herode dans la guerre d'Egypte confirme Hirc. en son Pontif. fait Antip. procur. de la Iudée, lequ. Antip. envoye son fils Herode pour gouverneur de Galilée.

Herode epouse Mariamne fille d'Alex. fils d'Aristob. et est fait ensuite avec son frere Phasael Tetrarque et gouverneur de Iudée.

Herode gagne les bon. gra. de M. Antoine à force d'argent.

Antigon. Les Parthes establissent Antigon. emmenent Hirc. prisonier, et Herode fuit en Egypte vers Cleop. et de là à Rome.

Herode. La ville de Ierusal. est prise cett. année par Herode et Antigon. dern. Roy de la fam. des Asmon. pendu par ordre de M. Antoine et la royauté d'Herode qui comence à regner.

Herode apres avoir fait donner le Pontificat à Aristobule frere de Mariamne et dern. de la race des Asmo. le fait mourir dans l'eau comme il se baignoit.

Herode fait mourir le vieillard Hircan, emprisone Mariamne et gagne les bon. gra. d'Auguste qui luy confirme le Roy. Herode fait mourir sa femme Mariamne.

Herode fait jetter les fondem. du nouveau T. de Ierus. plus magnifiq. que celuy de Zorob.

Voyage d'Herode à Rome pour voir ses 2 fils qu'il fait mourir barbarement 10 ans apres.

Naissance de N. S. I. Christ l'an 37 du Regne d'Her.

551 Cæp. Nep. — Histoire fameuse du Grand Scipion l'Africain avec Syphax Massinis. et Sophonisbe.

553 Lentul. Pæt. — Glor. Triomfe du Gr. SCIPION remportant le nom. surn. d'Africq. et menant Syphax prison. et l'an suivant guer. contre Ph. de Maced. au sujet d'Attale Roy de Pergame allié des Rom.

557 Cetk. Rufus

558 Purp. Marc. — Fin de la Guerre de Macedoine.

564 Sc. As. L. Nep. — Scip. l'Asiatiq. est envoyé en Asie, et envoyé en Asie, d'où est venu son du Nom, et ce pour faire la g. à Antioch. lequel il defait, et son frere le gr. Afr. fust gener. que de luy vouloir bien servir de Lieutenant.

586 P. Æm. Lic. Cr. — Fin du R. de Maced. et sa reduction en Province Romaine. — Pillage du T. de Ieru. et Ma. et des Macab.

590 M. Torq. C. Ang. — Ære des Macabées.

608 C. Cent. Mum. — Fin de la 3. G. Puniq. Prise de Cartage pillée et bruslée sous la conduite du jeune Scip. Æmilian qui pleura sur la ville, puis remporta triomfe dans Rome avec le glorieux surnom de jeune Africain. Prise aussi de Corinte. — Cartage et Corinte prises pillées et bruslées.

612 C. Met. F. M. S. — Ere des Asmonées.

621 Sex. Calp. P. — Fin de la Guer. d'Espagne par la ruine de Numance sous la conduite du jeune Scipion l'Africain, qui outre un magnifiq. triomfe emporta encore le surnom de Numantin par dessus celuy d'Africain qu'il avoit desia. — Ruine de Numance et fin du R. de Pergame qui est laissé par testament aux Romains par Attale III.

643 Mesia Bestia — Guer. Iugurtine où le C. Metellus remporta le Surnom de Numidique.

653 Mar. M. Aq. — Deffaite des Cimbres par MARIUS. — 4613

662, 663, 664, 665

666 Sylla Pomp. Ruf. — Guer. Civiles de SYLLA et MARIUS qui remplirent la Rep. de carnage par les proscriptions, le Consul Cinna et le ar Sertorius tenant le parti du premier.

4630 — 670 Cinna Pap. Car. — Sylla declare ennemy de la Rep.

672 M. Iun. C. F. Car. — Entrée fatale à Rome où Sylla entre à main armée et s'ensanglante de ses proscriptions.

673 M. Tull. Dolab. — Glor. Triomfe de Pompée po. sa vict. contre Mithrid.

674 Cor. Fel. Cat. P. — Guerres de POMPÉE et SERTORIUS en Espagne.

681 T. Var. C. Cass. — Brouilleries des Esclav. en Ital. mort de Sertorius en Espagne par Perpenna tué aussi par Pompée, voy. Colonne suivante.

683 Orest. Sura

691 Cicero Antoni. — Conjuration de Catilina decouverte et etouffée par Ciceron lors Consul, plus vers Grece.

693 Piso Mess. — Fin de la G. de Mithridate, sa mort et Triomfe de Pompée pour ce sujet.

695 Cæsar Bibul. — Guer. de I. CÆSAR en Gaule, Gr. Bret. Allem. P. bas.

701 D. Calv. Mess. — Mort de Crass. à qui Orodes fit fondre de l'or en la bouche. — France P. bas Suisse Anglet. sous les Rom. par I. Cæsar.

705 Cl. Mar. C. Len. — G. Civiles de Cæsar et Pompée.

Empereurs — V. ETAT Emper. (A. 30 D. 142)

707 I. CÆSAR 3 — est élu Dictat. etant encore en Egypte où il donne le Roy. à Cleopatre. — Ere Iuliene. Ere d'Antioche. et IV. Monarchie Rom.

710 AUGUSTE 57 — adopté par Cæsar tué dans le Senat de 23 coups d'espée.

712 — Deffaite de Brutus et Cassius en Macedoine.

4676 — Ære Espag.

724 — Victoire fameuse d'Auguste sur M. Anthoine et Cleopatre et leur mort. — Bat. Actiaq.

734 — Paix entre Auguste et Phraate Roy des Parthes.

753

Plaute mort en 4531.

Siphax et Massinissa.

Caton dit Censorin. ord. Phil. grd. Capit. et grd. Orat.

Ennius fleurit.

Philopœmen.

Carneades.

Terence. Pacuvius.

Hipparchus.

Iugurtha. Les gracques et la Mere Cornelie fille de Scipion l'Afr.

Archias.

Sylla et Mari. Pompée. Sertorius. Mithridate. Lucullus. Catilina. Crassus. Ciceron. Lucrece. Catull. Virgille.

Diodore Sicilien.

Cæsar.

Denis d'Halicarnasse. Sallust. Properce. Mecenas. Agrippa. Horace. Corn. nepos. Tibull. Vitruve. Mecenas. Ovide. Trog. Pompée.



Par I. Rou. Adt. Ao. 1672. Avec Priv. du Roy pour 12 Ans.

A Paris Chez l'Autheur au Faux. St. Germ. Rue des 4 Nations vis-à-vis celle de Guenegaud au logis du St. Ferdinand. Et chez F. Plaspointe Sculpt.

# PREMIERE TABLE de L'HISTOIRE UNIVERSELLE MODERNE, Contenant l'Etat de l'Eglise et du Monde sous la IV.e Monarchie sc. L'EMPIRE ROMAIN N. 44 D. 395.

**Ans de I. C. — PONTIF. Ro.ns — HISTOIRE de L'EGLISE ou sont les USAGES, ORDRES, et HERESIES — CONCILES, APOSTRES, S.ts PERES, Persecutions et Martirs — PERSE sous les PARTHES, Continuation du 8. Etat — ROIS et PROCURATEURS IUIFS — PONTIFES IUIFS et Rois de Galilée — EMPEREURS — HISTOIRE de L'EMPIRE ROM. et de tout le monde en gn.al sous iceluy — GRECE, ALLEM., FRANCE, ESPAGNE, ANGL. etc. avec les Epoques gn.ales — HOMMES ILLUST.**

1. Circoncision de N.S. son Adoration par les trois Rois Mages d'Orient, son Oblation au Temple, sa fuitte en Egypte avec Joseph et la S. Vierge, et Massacre des Innocents par Herode.

En ce temps l'Eglise estoit encore sous les Ceremonies de la Loy Mosaiq. et quant à la Religion il y avoit trois principales Sectes entre les Iuifs, sc. les Pharisiens, les Saduciens et les Esseniens, dont voyez les differences en [illegible] des recherches historiques.

Simeon autheur du Cantique, Anne la Prophetesse, Zacharie et Elizabeth, estoient ceux qui avoient le plus conservé la pureté de la Religion par la Sainteté de leur vie.

36.e année de Phraate III.

1.er an d'AUGUSTE et 42.e des 44 2. du 5.e Etat de Rome.

Auguste divise le R.e d'Herode entre ses 3 fils Archela.s à la Iudée, etc. Herode Antip. Galilée, Philippe l'Iturée.

Adoption de Tibere par Auguste. Conjuration de Cinna. Clemence de l'Emp.r [illegible] du Tibre. Famine à Rome.

Archela.s accusé auprez de l'Emp.r par ses freres est relegué, et des Procur.rs ou Gouverneurs sont establis sur la Iudée.

Bannissement de Iulie et d'Ovide pour leurs amours, et defaite des Legions Rom. en Allem. sous Quintius Varus.

12. N.S. agé de 12 ans va à Ierus. s'ecarte de ses parens qui le retrouvent 3 jours aprés disputant miraculeusement avec les Docteurs en plein temple.

TIBERE 3. Emp.r succede à Aug. mort à Nole agé de 76 ans et d'abord fait mourir sa propre fe. Iulie fille d'Aug.e et le jeune Agrippa.

Germanic.s aprés avoir triomphé des Cherusques, Cattes etc. est envoyé en Orient contre les Parthes.

19. Vie cachée de N.S. soumis à ses parens et gagnant sa vie avec eux au mestier de Charpentier. Luc 2. 51. Marc 6. 3.

Vie cachée de S. Iean aux deserts.

Mort de Germanicus auprés d'Antioche en Sirie par la perfidie de Pison.

50000 hommes ecrasez par la chute de l'Amphiteatre de Fidenes, et ruine du Mont Celius avec tous les lieux circonvoisins par un grand embrasement, mais l'Empereur fait liberalement reparer le tout. Lentulus Proconsul Rom. en Iudée escrit au Senat touchant les merveilles de N.S. en Iudée, Eutrop.

29. S. Iean dit Baptiste fils de Zacharie et d'Elizabet sortant des deserts s'aproche du Iordain où il preschoit aux Iuifs la penitence, et en baptise plus.rs puis est fait decapiter par Herode Antipas pour avoir condamné son mariage avec sa belle sœur Herodias.

30. N.S. est baptisé par S. Iean sur le bord du Iordain puis se retire au desert où il jeune 40 jours, et est ensuite tenté par le Diable. Vocation des Apostres, Predications et Miracles de N.S. pendant 3 ans.

31. Tibere craignant que son favory Sejan ne se fasse valoir contre luy l'accuse par lettres, et le fait ignominieusem.t mourir.

32. Les livres de la Sibille sont examinez au Senat. Tibere fait mourir tous ceux qu'il croyoit amis de Sejan, entre autres Agrippine femme de Germanicus et son fils Drusus.

33. Institution de la S. Eucharistie. Passion, Mort et resurrection de N.S. I.C. son Apparition aux Apostres et sa conversation avec eux pendant 40 jours, puis Ascension au Ciel et envoy du S. Esprit au jour de la Pentecoste, ce qui fait le Commencement de l'Eglise.

34. I. Patriarchat sc. de Ierusalem par S. Iacques le Mineur.

Conversion de S. Paul. Predication et Miracles tant de luy que des autres Apostres, et voyages des mesmes.

TIRIDATE. — Artaban.

37. II. Patriarchat sc. d'Antioche par S. Pierre, aprés qu'il y eut converty plusieurs Iuifs et Gentils.

Tibere envoye Vitellius establir Tiridate chez les Parthes pour estre leur Roy, mais quoy qu'il les traittast avec beaucoup [illegible]

CALIGULA 4. fils de Germanic.s et d'Agrippine succede à Tibere mort à Caprées, et d'abord retire de Prison Herode Agrippa que Tibere y avoit fait mettre l'an precedent.

40. S. Matthieu escrit son Evangile en Hebreu.

41. Decollation de S.t Iacques le Majeur par Herode Agrippa et emprisonnement de S.t Pierre.

Fondation de l'Eglise Latine à Rome.

CLAUDIUS 5. Ouy de Caligula luy succede cette année qu'il fut tué dans son Palais agé de 29 ans. Ce fut [illegible] Claude fut mis à l'Empire [illegible] Agrippa Roy de Galilée [illegible] confirma non seulement en son Royaume de Galilée, mais luy donna aussy celuy de la Iudée et Samarie, [illegible] et donna encore en sa faveur le Royaume de Calcide à son frere Herode.

43. S. PIERRE I. Vient à Rome selon l'opinion commune ayant laissé Evodius en sa place au siege d'Antioche, et establit en cette ville maitresse du monde son siege Episcopal.

S. Marc publie son Evangile et ce de la bouche de S.t Pierre dont il estoit disciple.

45. S. Luc Medecin d'Antioche escrit son Evangile.

48. III. Patriarchat sc. d'Alexandrie par S. Marc aprés qu'il eut converty plusieurs Gentils en Egipte où il estoit venu depuis peu.

Messaline est mise à mort pour ses debauches et crimes horribles par l'ordre de l'Empereur son mary qui epouse Agrippine fille de Germanicus, et rappelle Seneque d'exil pour le donner au jeune Neron en qualité de Gouverneur.

50. S.t Pierre et S.t Paul escrivent la plus part de leurs Epistres. Mort de la S. Vierge selon quelques uns.

I.er Concile est. des Apostres en Ierusalem où la Circoncision fut abrogée. Conversion de S. Denis Areopag. par S. Paul.

Royaume de Chalcide osté à Herode par l'Emper. qui en eschange luy donne la Tetrarchie de Philippe sc. Trachonite et Batanée.

54. NERON 6. Nourry et devenu Domitius Ænobarbus succede à l'age de 18 ans à Claudius qui meurt de poison agé de 63.

55. S. Paul va droit à Ierusalem, où il se rend au jour de Pentecoste, est mené lié au Gouverneur Felix, devant qui il plaide sa cause en Presence du jeune Roy Agrippa et de Berenice, puis allant à Rome devant Cesar, il fait naufrage proche de Malthe, et enfin arrive à Rome où pendant deux ans de sejour il escrivit ses autres Epistres, puis va prescher dans les Gaules et en Espagne.

Mort de la S.t Vierge selon d'autres autheurs.

59. S. Luc escrit les actes des Apostres.

Neron fait mourir sa mere Agrippine, et l'an suivant Corbulon ayant subjugué les Armeniens leur donne Tigrane pour Roy.

64. Martyre de S. André et de S. Thomas avec Iudas, puis de S. Barnabé en Chypre, et S. Simon et Iude en Perse.

Neron se voulant faire un tableau de l'Embrasement de Troye fait brusler une grande partie de Rome [illegible]

192 VICTOR I 15 qui fut estimé d'une grande guerre pour s'estre trop opiniastré a ce que Pasques se celebrast le Dimanche pourquoy sut Conciles tenus, où il fut derechef statué comme il est.

Caresme encore libre et point limité. Ire. ad Victorem.

200 Renegat le Tertullien qui se fait Montaniste ne pouvant supporter l'envie du Clergé Rom. S. Hierosm.

201 ZEPHIRIN 16 de qui Platine dit qu'il abolit l'usage des vaisseaux de bois en l'Eucharistie [illegible]

203 [illegible] les fidelles furent fort affligés par Plautien pendant l'absence de l'Emp. qui ne fit pas une moindre boucherie en Egypte, où entre autres il fit martyriser Leonide pere d'Origene et confisquer tous ses biens. Zephirin se tint caché pendant ces persecutions, mais apres la mort de

211 Plautien il fit ouvertement les fonctions de sa charge et ce fut devant luy que Natalius prit le sac et la cendre pour estre remis a la communion de l'Eglise par la repentance de sa faute. Sous luy aussy Ter-

217 tullien et les Montanistes sont condamnez et excommuniez.

219 CALIXTE I 17 qu'on dit qui donna sa maison a l'Eglise pour y faire des assemblées. elle fut nommée aussi de cela du

222 nom de Calixte, puis de l'isle qui sera dans la [illegible]. Calixte fut jetté en un puits qu'on voit encore

224 VRBAIN I 18 aujourd'huy.

231 PONTIAN 19 qui fut martyrisé a coups de baston le 10. Novemb. 235.

235 ANTERE [illegible] Puis FABIAN en 236. du temps du quel l'Eglise eut un peu de repos, et qui luy donna congé de faire dresser quelques bastimens dans les Cimetieres où les fidelles s'assembloient. — Celse.

236

241

244

249 Temps de la venue du veritable Denis Ier Evesq. de Paris. Greg. de T. L. 1. C. 28.

251 CORNEILLE 20 Ier Schisme par Novatien Ier Antipape.

253 LUCE 21 Commencement et origine de la vie Monastique tirée de l'exemple de Paul de Thebes en Egypte qui a cause de la persecution se retira en une caverne. S. Hierosm. — Helcesaites.

255 ESTIENNE 24 Du temps duquel s'eleva une grande contention sur le bateme, scavoir si on le devoit reiterer a ceux qui ayant esté baptisez par les heretiq. revenoient a la communion des Ortodoxes, et si le baptesme des Heretiques estoit bon et valable. voy. nos notes pour la decision de ce point. — Noetus. Sabellius.

257 SIXTE 25

258 DENIS 26 du temps duquel l'Erreur des Millenaires qui avoit commencé des le temps de Montan apres avoir esté suivie par plusieurs Docteurs fut renouvellée par Nepos Ev. d'Egypte mais fut refutée par Denis d'Alexandrie.

266 — Paul de Samosate.

270 FELIX I. 27 qui ayant esté martyrisé fut ensevely dans un Cimetiere qui portoit son nom, aussi tenu ou dit qu'il y avoit fait bastir une maison pour les assemblées de l'Eglise.

272

275 EUTICHIEN 28 qui establit 14 Prestres 5 Diacres et 9 Evesques, et fut martyrisé le 8 ou 13 Decemb. 283. — Manicheens.

281

282 CAIUS 29. De la famille de Diocletien Emp. il augmenta le premier la dignité Ecclesiastiq. par la distinction des ordres du Clergé et la difference qu'il mit entre les Clercs et les Laïcs.

284 On luy attribue aussy d'avoir establi que les laics ne pourroient tirer les Ecclesiastiq. en jugement, et de là est commencée les Ecclesiastiques à s'exempter de toute Jurisdiction civile.

291 L'Histoire marquant que Diocletien enflé de sa prosperité obligea les peuples a luy baiser le pied auquel pour cet effet il avoit quelq. marque pour l'adoration quelques uns croyent que de là est venue la coutume aux Pontifes de se faire faire la mesme chose.

295

296 MARCELLIN 30 lequel eut la foiblesse de ne pouvoir resister aux persec. aiant sacrifié aux Idoles, puis se repentit au Synode de Sinuesse. — Hieracites heretiques.

297

303 En cette 10e Persecution il y eut plus de 2 millions de celebres martyrs, entre autres l'Imper. Serena femme de Dioclet. et l'on dit que les bourreaux furent plustost las de tuer que les Saints de souffrir.

304 MARCEL 31 succede a Marcellin que Diocletien fit decapiter.

Ire Ordonnance du Celibat aux Ecclesiastiq. par le Synode d'Elvire. — Schis. des Donatistes et de Melece.

30[illegible] Moynes vivans de leur propre travail. [illegible]

30[illegible]

309 EUSEBE 32 Marcel ayant esté martyrisé par l'ordre de Maxence

31[illegible] MELCHIADES 33 on luy attribue la feste de l'Invention S. Croix, mais cela est plus vraysemblable de Sylvestre.

3[illegible] Publication de l'Edit de Permission aux Chrestiens pour la Profession de leur foy, et la liberté de s'assembler, et batir des Temples.

314 SILVESTRE 34 IV Patriarchat se de Constantinople, mais dès alors Diocese sous Metropolitain.

325 Le Celebre Concile dit de Nicée est tenu en Bithynie en presence de Constantin, et par son ordre, au sujet de l'heresie d'Arius, nom l'Eternité de l'Essence de N. S. et pour la determination du jour de Pasques le Symbole de N. y fut dressé et le Kal. reformé; l'an suivant est celuy de l'Invention S. Croix par Ste Helene mere de Constantin. — Arius et son heresie.

327

330

336 MARC 35 · IULE I. 36 Les Saints que Constantin ayant choisy CP. pour siege de son Empire, donna la ville de Rome a son Pontife, ce que quelques uns contestent, mais quoy qu'il en soit, c'est depuis ce temps là que les Evesques de R. ont commencé de s'agrandir par l'absence de l'Emper. alors aussy on commença pour attirer mieux les Payens a la foy, de sanctifier la plus part de leurs ceremonies. Les Pelerinages eurent commencé en

337 ce temps, à cause que la conversion de l'Empereur, donnant liberté de voyager en la Terre Ste. Tous les lieux d'icelle qui estoient tout faits de miracles furent fort recherchez en ce pais.

352 LIBERE 37 puis FELIX II. 38. Libere ayant esté relegué. Reliques des Sts Martyrs quasi adorées des Chrestiens dès commença l'invocation des Sts. à cause des miracles qui estoient faits à leurs Sepulchres. voyez les histoires Ecclesiastiq.

358 Il paroist par le 14. Chap. du 4 livre de Socrate, que dès lors les Emper. deposeroient et restablissoient les Papes a leur plaisir. En ce temps là les Arriens estoient en aussy grande force — Concile de Rimini et de Seleucie.

361 que les Chrestiens avoient en chaque ville Temple et Docteurs pour les uns et pour les autres. — Arianisme estably.

362

363 Commencement de la Translation et Elevation des Corps Sts. [illegible] Julien l'Apostat ayant commandé aux chrestiens d'oster les os du martyr S. Babylas disant qu'il empeschoit Apollon de rendre ses oracles, les Chrestiens executerent cela avec grand concours, joye et ceremonie. Commencement aussy des vigiles des Sts. [illegible]

364

367 DAMASE 39 [illegible] en celebrant par [illegible] Ambroise.

375 Damase ordonna le Chant des Pseaumes et le Gloria Patri, cela fut mais d'autres attribuent cela à S. Ambroise. De son temps aussy la Bible fut traduite en plusieurs langues vulgaires

379 en Gothique par Vulphilas Ev. en Sarmatie, en Dalmatique par S. Hierosme, etc. et

380 Celle cy fut autorisée par le pape Damase, auquel on attribue encore l'Usage de la Confession a la Messe. Il redigea aussi par ecrit les vies et Statuts attribués à ses predecesseurs. — La foy et ses doctrines sont louées par S. Hierosme.

381 Ce fut en ce Concile IIe des generaux, que fut fait le decret qui porte que l'Eglise de Constantinople obtiendroit cy apres en l'Eglise, la prerogative d'honneur apres l'Evesque de Rome, d'autant que CP. estoit la nouvelle Rome.

387 Chant des Pseaumes introduit en l'Eglise par S. Ambroise, a la maniere des Orientaux. voyez S. Augustin en ses Confessions.

385 SIRICIUS 40 qui le Ier a ajouté la commemoration des Saints a la messe.

388 S. Augustin cy devant Payen, mais grand Orateur et bel esprit se convertit à la foy, et est baptisé par S. Ambroise Evesque de Milan. l'an suivant toutes les statues furent abbatues par l'ordre de Theodose et les Ceremonies pay. abolies.

390

392 En ce temps le Caresme de six semaines devant Pasques, estoit celebre, qu'en grece, et Alexandrie, car à Rome il n'estoit que de trois semaines; les festes non plus n'estoient point encore establies, ains commençoient seulement en certains lieux.

395

---

Les Conciles tenus environ ce temps pour la fixation de Pasques, qui est derechef arresté au Dimanche. l'un de ces Conciles fut à Rome, les autres en France. On les appelle les Synodes contre les Quartodecimans.

5e. Persecution.
Martyre de St Irenée.
Clement Alexandrin Evesq. d'Alexandrie.
Tertullien orateur et Pere.

Urbain changea le Ier les Calices de verre en calices d'argent, jusqu'à Boniface de Mayence dit n'y avoir plus que les Prestres estoient d'or quand ils se contentoient de calices de bois. Damase. Walafrid.
Origene.
6e. Persecution.

7e. Persecution. — S. Cyprien Ev. de Cartage.
Celebre martyre de Babilas Ev. de Nicomedie, et de ses 3 fils.
Paul Herm. — 8e. Persecution. — Gregoire de Neocesarée.
Denis d'Alexandrie.
Exil de St. Cyprien à Curub sur le bord de la mer Lybique.
Martyre de St. Laurent Diacre de Rome, et de St. Cyprien qui a la teste tranchée.

9e. Persecution.

Martyre de S. Victor à Marseille.
286 S. Anthoine hermite duquel quelques uns commencent la vie Monastique qu'on nous avons attribuée cy dessus à Paul de Thebes, commence à fleurir.

Martyre de la Legion Thebaine.

10e. Persecution.

310

Eusebe Evesque de Cesarée qu'on tient avoir esté entaché de l'Arrianisme.
Ier Concile qu'on tint a Nicée en Bithynie, composé de 318 Evesques. voy. icy à costé.
S. Athanase Ier des 4 Peres Grecs est fait Evesq. d'Alexandrie en 326.
Conciles tenus en ce temps qui defendirent le Mariage aux Prestres.
Persecutions des Arriens contre St. Athanase, qui est relegué en Gaule, où il dresse son symbole. il fut enfin justifié apres bien des longues et rudes épreuves, au Synode de Sardique l'an 347, et les Arriens condamnez.

350 11e. Persecution.
Vigilance Ev. de Barcelone combat en ce temps l'adoration des Reliques et Invocation des Sts.
S. Basile 2e des 4 PP. Grecs, et Evesq. de Cesarée 361.
12e. Persecution.
S. Gregoire de Nazianze 3e des 4 PP. Grecs.
S. Martin quitant la guerre, presche l'Evangile en France.
13e et dern. Persecution.
Idoles ostées en Europe par Valentinien.
S. Ambroise Ier des 4 P. Latins est eslu Ev. de Milan.
Mort d'Ephrem Diacre d'Edesse en 378.
St. Epiphane Ev. de Constance environ ce temps, en ce temps alors a [illegible] Heresies sur lesquelles St. Epiphane escrivit sur ce sujet.
IIe. Concile general à Constantinople par le commandement de Theodose, de 150 Evesques pour soutenir la Divinité du St. Esprit contre Macedonius.
384 St. Iean Chrysostome 4e Pere Grec.
S. Cyrille Evesq. de Ierusalem.
Usage du Prestre Penitencier aboli à CP. par l'Evesque Nectaire.
En ce temps l'Evesq. de Constantinople voulant usurper la primauté sur les autres Eglises d'Orient, n'en put venir a bout.
S. Hierôme — S. Augustin.

---

ARTABAN IV. 25 et dernier, que l'on croit qui eut 2 freres, Vologeses et Tiridates qui luy firent guerre pour la couronne, mais il en demeura vainqueur. — Victoires de Severe contre les Parthes pour lesquelles il est surnommé Parthique.

216 Grande guerre de Caracalla contre les Parthes, puis paix faite avec eux par son successeur Macrin.

IX. ETAT Perses 2de N. 27. D. 413.

227 ARTAXERXE noble Persan se revoltant contre Artaban finit la Monarchie des Parthes, la faisant derechef retourner aux Perses

233 et qui est le IX. Etat. Il a bien tost guerre avec l'Emp. Al. Severe. voy. Col. Rom.

SAPOR 2 Guerre entre Sapor et l'Empereur Gordien qui luy prend plusieurs places.

[illegible] qui de soi servir comme de montoir pour se mettre à cheval.
259 Sapor defait entierement l'Empereur Valerien, et le traitte comme
264 Odenate Roy des Palmyrens combat les Perses.

HORMISDA I. 3. puis VARANES I. 4.
VARANES II. 5. [illegible] en 276.
Probus combat les Perses.

Diocletien estant allé en Orient, combat les Perses, et les oblige à faire la paix.

293 VARANES III. 6 puis NARSES 7 en 294.

Perte des Romains contre les Perses.
Revanche des Romains. voy. Col. Rom.

HORMISDA II. 8.

310 SAPOR II. 9. Couronné dés le ventre de sa mere par le commandement de son Pere mesme, chose non louë d'ordinaire. Il fut grand persecuteur des Chrestiens.

Cette année, ou plustost la suivante, Sapor ravagea la Mesopotamie.

Guerres des Romains et des Perses, où il y a perte de part et d'autre. C'est la Ire cause de la decadence de l'Empire Rom. 350.

Sapor surmonte Constance, et entre jusq. dans Constantinople.

Paix de 30 ans entre Iovien et Sapor mais si honteuse pour les Rom. que depuis la Puissance Romaine ne s'a pu relever en Orient.

Sapor s'empare de l'Armenie.

ARTAXERXE II. 10

SAPOR III. 11

VARANES IV. 12 dit autrement Cermasas.

---

PERTINAX 4. DIDIUS IULIAN 20 en 193 puis enfin SEPTIME SEVERE 21 succedent les uns apres les autres a Commode, qui fut estranglé par une horrible haine de ses sujets. Les deux premiers furent tuez. Severe a guerre contre Albinus et Niger, qui avoient esté proclamez Empereurs aussi bien que luy, et s'accommode avec le Ier pour se desfaire de l'autre, puis de luy mesme, come il arriva en 198.

Severe estant allé en Orient surmonte les Adiabenes et les Parthes avec leur Roy Artaban, et poussa ses victoires jusqu'en Arabie.

Restablissement du Pantheon par l'Empereur Severe dont les fils Caracalla et Getha se jettent trois ans apres en toute sorte de debauches.

CARACALLA et GETA 22 succedent à leur Pere Severe, qui meurt à York agé de 70 ans, mais Caracalla voulant regner seul tue son frere, souffrant Geta dans le propre sein de sa mere.

MACRIN 23 avec son fils DIADUMENIAN, puis HELIOGABALE 24 en 218 succedent l'un apres l'autre à Caracalla qui fut tué en Syrie, et Macrin qui aura le mesme sort par la main d'Heliogabale.

Heliogabale aussy dit du nom d'un Dieu qu'il adoroit fait bastir un Temple à ce mesme Dieu, et y fait sacrifier des hommes.

ALEX. SEVERE 25 succede à Heliog. qui est tué avec sa mere. Il se rend aimable à ses sujets, et permet aux Iuifs de demeurer dans la Palestine avec la jouissance de tous leurs privileges.

Artaxerxe entre dans les Provinces Romaines à main armée, et se moque des lettres de l'Empereur, mais il est vaincu (et l'Emp. revient triomphant à Rome).

MAXIMIN 26 Tyran fort cruel succede à Severe tué pres de Mayence, mais il est tué ensuite par les Gordiens et leurs partisans Balbinus et Pupienus, lesquels furent declarez Empereurs, puis tuez en assiegeant Aquilée.

GORDIEN 27 dit le jeune succede à Balbinus et Pupienus tuez, pendant les Ieux Capitolins. Sa premiere année est fameuse entre les Chronologistes pour servir de fondement inebranlable à leurs calculs [illegible].

PHIL. ARABE 28 que quelques uns font estre le Ier Emper. Chrestien, succede à Gordien tué en revenant de Perse.

DECIUS 29 succede à Philippe Arabe tué à Verone.

GALLUS et VOLUSIANUS 30 succedent à Decius qui est tué en combattant au delà du Danube, en combattant contre les Gots.

VALERIEN 31 et son fils Gallien. Il fut d'abord si bon aux Chrestiens, que sa cour estoit leur plus grand refuge, mais ayant esté gagné par un Magicien qui luy persuada qu'ils détruisoient la Magie dont le Prince abusoit, il rallume les persecutions.

(Contre Rom. les Germ. et François viennent jusq. à Ravenne, les Allemans ravagent les Gaules, les Gots l'Asie, les Sarmates la Pannonie, et les Parthes la Syrie.)

GALLIEN seul 32 son Pere ayant esté vaincu par Sapor. voy. col. Pers. Tout au commencement de son regne les Barbares se jetterent dans l'Empire.

CLAUDE II 33 succede à Gallien qui est tué, et l'an suivant il surmonte les Gots, Scithes, Herules etc. et en fait grand carnage.

AURELIEN 34 succede à Claude mort de la Peste. Quintille avoit esté bien nommé Emper. mais il fut tué.

Aurelien surmonte Zenobie veuve d'Odenat, et la mene en triomphe luy suivant.

TACITE 35 puis FLORIAN 36 et PROBUS 37 en 276 sous le premier des quels les François venans de Frise et Westphalie se saisirent de plusieurs places dans les Gaules.

CARUS 38 puis CARIN et NUMERIAN 39 en 283.

DIOCLETIEN 40 succede à Numerian qui est tué dans sa litiere par son beaupere, lequel Dioclet. tue ensuite, ayant reconnu la chose par la puanteur du corps.

Maxim. Herc. — Diocletien associe à l'Empire Maximien Hercule. le Siege de l'Emp. d'Or. estoit alors à Nicomedie en Bithynie.

Const. Chlore — Gal. M. Armentaire — Constance Chlore et Galere Maximien Armentaire sont associez par les deux Empereurs, et leur guerre vont faire la guerre en Affrique, en Asie et en Angleterre.

Les Sarmates ayant esté vaincus par les Rom. Constance reprend la Batavie occupée depuis peu par les François.

G. M. Armentaire retournant avec perte de la guerre contre Narses Roy de Perse, est ignominieusement traitté par Diocletien.

G. M. Armentaire ayant conduit une nouvelle armée contre les Perses, defait Narses, le prend avec ses femmes, enfans et sœurs, et pousse fort ses conquestes en Perse, puis retournant, est receu avec grand honneur de Diocletien.

Le cruel Edit de la Xe. Persecution est publié à Nicomedie. Les Temples, et les Sts. Livres y furent partout ruinez et brulez.

CHLORE et GALERE seuls 41 Dioclet. et Max. Hercule s'estant volontairement demis, Chlore et Galere s'associerent Severe et Maximin (neveu de Galere).

CONSTANTIN 42 dit le Grand est nommé Empereur par les Soldats apres la mort de son pere Chlore à York d'Angleterre.

Maximin · Armentaire · Maxence — Constantin espouse Fauste fille d'Hercule. Maxence fils du mesme, est nommé Emp. par les Soldats, puis fait tuer à Ravenne Severe, qu'Armentaire avoit envoyé contre luy, chasse son propre Pere Hercule lequel s'enfuit vers son gendre Constantin. ainsi il y a quatre Emp. Constantin, Maximin Armentaire et Maxence.

Licinius associé et fait Cesar par Armentaire — Grande et Celebre bataille de Constantin contre son beaufrere Maxence pour les deux Emp. qu'il deffit et defaire de ce Tyran qui tombe du Ponte Mole dans le Tibre.

Conversion de Constantin apres la veue du fameux signe de la † au Ciel qui luy promettoit la victoire contre Maxence.

Constantin seul. Constantin reste seul Emp. Armentaire estant mort et enterré à Sardique l'an 311. Maximin meurt de rage à Tarse en Cilicie en 313. et Licinius ayant esté tué en cette mesme année 325.

Constantin averty par sa mere Ste Helene, qui meurt cette année, des crimes de sa femme Fauste la fait mourir dans un bain.

Fameuse Dedicace de Constantinople, auparavant Bizance, que Constantin fit rebastir somptueusement et enrichit des despouilles de toute l'Europe qu'il avoit vaincue. Il y transporte le Siege de l'Empire, et c'est là le plus florissant estat où se soit jamais veu la Monarchie Romaine depuis la destruction de Ierusalem.

CONS. CONS. CONSTANT 43 partagent l'Empire de leur Pere qui meurt à Nicomedie. Constantin eut la Gaule et l'Espag. Constance Thrace, Egypte, et Constant Italie, Illyr. etc. et c'est de cette Ire division que l'Aigle Imperiale a esté representée à deux testes eu egard aux deux plus considerables sieges, Rome et Constantinople. Constantin aisné des 3 Emp. meurt au bout de 3 ans.

CONST. seul. Constance demeure seul Emper. par la mort de son frere Constant tué dans le Roussillon, il fut Arrien, et alluma la XIe. Persecution.

Magnence. Gall. Les Ambassadeurs de Perse eurent cette année dans Constantinople, et Nicomedie est renversée par un tremblement de terre.

IULIEN 44 Dit l'Apostat, succede cette année à Constance qui meurt en allant combattre contre luy.

Iulien quittant la foy allume la XIIe Persecution.

IOVIAN 45 succede à Iulien l'Apostat qui meurt ensuite d'un coup de Lance. Il fait la Paix avec les Perses.

VALENTINIAN et VALENS 46 succedent à Iovian qui meurt cette année et partagent l'Empire entr'eux. Valens fut Arrien et persecuta les Orthodoxes, ce qui est la XIIIe. et derniere Persecution.

La faineantise de ces 2 Emper. [illegible] beaucoup au rabaissement de la gloire, et de la force de l'Empire.

GRATIEN et VALENTINIEN II. 47 succedent en Occident à leur Pere Valentinien qui mourut d'un emportement de Colere 375, ans apres leur oncle Valens estant mort, ils luy succedent aussy à l'égard de l'Orient.

THEODOSE associé et ce par Gratien. Il se fit baptiser ensuite et embrassa le Christianisme.

Pendant tous les foibles relachemens de vertu de la part des Romains et de leurs Empereurs les François prenans de l'occasion accroissent d'autant plus leurs affaires dans les Gaules.

383 Mort de Gratien en combattant contre le Tyran Maxime, ainsy il n'y a plus cette année que deux Empereurs, sc. Valentinien et Theodose.

La mollesse de Theodose, ses prodigieuses depenses et les charges excessives que pour y fournir il imposa sur ses peuples, avancent encore la decadence de l'Empire Romain.

Theodose surmonte le Tyran Maxime qui s'estoit fait elire Empereur en Angleterre et le fait mourir.

Eugene. Theodose ayant fait tuer le Peuple de Thessalonique, est contraint de faire penitence publique dans Milan par St. Ambroise, qui luy avoit jusque là interdit l'Entrée de l'Eglise.

THEODOSE seul 48. Et ce par la mort de Valentinien qui est estranglé à Vienne sur le Rhosne dans son propre Palais par Arbogaste François de nation.

Mort de Theodose à Milan, apres quoy son Empire est divisé en deux, ce qui fait le VIe. Etat de Rome, comme nous verrons en la Table suivante.

---

Severe passe en Angleterre avec les fils Caracalla et Geta, où il a quelques guerres et y fait construire un mur d'une Mer à l'autre long de 132 mille pas.

234 L'Empereur passe en Gaule pour chasser les Barbares qui avoient passé le Rhin.

Ire année de l'Empire de Gordien.

Ire Origine des Gots, ainsi dits Scithes, qui sortirent de leur pays sous leur Roy Ariaric de Scandinavie [illegible] et c'est d'eux qu'on croit que sont produits les Suedois des Gots de la Scandinavie.

Peste horrible par tout le Monde pendant dix ans. voyez le Traitté de S. Cyprien de la mortalité.

Le Danemark se soustrait de la Domination Romaine, et depuis n'en est plus retenable.

Zenobie Reine des Palmireniens en Syrie s'empare de l'Empire environ ce temps.

Les François passent le Rhin et sont chassez des Gaules par Probus. voy. col. Ro.

Les François parcourent la Grece, prennent Syracuse en Sicile, attaquent Carthage, et rodent les Costes d'Espagne pour s'en retourner chez eux.

ÆRE de DIOCLETIEN ou des Martyrs.

294 Guerre contre les Sarmates par Galere Armentaire.

Batavie reprise sur les François par les Romains.

Achevement des Bains de Diocletien.

(Il apres avoir attenté à la vie de son Gendre le Grand Constantin.)
Mort de Max. Hercule estranglé en France

300 INDICTION ou Revolution de Quinze en quinze ans prise du jour de la Victoire de Constantin, et de l'affranchissement des Chrestiens.

Constantin surmonte les Gots en Sarmatie.

Voyage de Iulien frere de l'Emp. Gallus à Athenes, où il cherche des disciples de Sophistes et Athenes et y vit avec St. Basile et St. Gregoire qui ensuite craignirent que ses Espris sont dangereux.

Parce que du temps de Cesar s'appelloit Lutetia plus souvent à Iulien l'Ap. qu'il y fit assez de sejour pour y estre la plus part de ses Epistres.

(Cela Rhin mena contre leurs courses.)
Les Allemans sont repoussez par les armes de l'Empire. Paix entr'eux, renversée par un tremblement de terre.

366 30000 Allemans taillez en pieces auprès de Strasbourg par l'armée de Gratien.

ALARIC commence a regner sur les Gots.

Maxime est fait Empereur dans la Grande Bretagne par les Soldats et soumet les Pictes et Escossois.

382

Ier Etat des Vandales assis le long de la Vistule vers la Pologne, et ce sous Modigisile ou Godegisile durant 30 ans.

Ier Etat aussy des Huns sous Balamir ou Mundzuc Pere d'Attila, sous de Theod. II. Iustinian D. 363.

Commencement des Courses d'Alaric en Grece qu'il ravage toutes les années suivantes.

---

Mort violente d'Origene.

Tertullien escrit ses pieces et surtout son Apologetique.

Mort de Tertullien.

Florus historien Rom.

Minutius Felix Adv. Rom. Compose son Octavius.

Iulius Africanus fameux historien et Chronologiste.

Papinien Empereur illustre Iurisconsulte fameux.

Dion l'historien Rom. est Collegue d'Alex. Severe.

Censorin.

Porphyre ou Philosophe ennemi des Chrestiens.

Zenobie Reine des Palmireniens fameuse pour sa sagesse, sa vertu, et son savoir aux lettres et Langues.

Arnobe.

Lactance Rheteur Chrestien.

Eusebe historien et Evesq. de Cesarée.

Mort d'Eusebe en 340.

Prudence poete nasquit en 348.

S. Athanase meurt.

Ulphilas Evesq. des Gots est inventeur des lettres Gotiques.

Priam Pere de Marcomir et ayeul de Faramond estoit en ce temps Roy des François. d'autres disent en France mesme.

Ammian Marcellin hist.

Mort de Ste. Monique mere de S. Augustin.

Claudien poete.

Par Mr. Iean Roc Adv. Avec Privil. du Roy pour 20. Ans. Ac. 1675.

FIN de la Premiere Table.

A Paris Faubour S. Germain Rue Mazarine ou des 4. Nations vis a vis celle de Guenegaud, Chez le Sr. Ferdinand et chez F. de la Pointe sur le quay de l'horloge proche le Pont Neuf. F. de la Pointe sc.

# IIe TABLE de l'HISTOIRE UNIVERSELLE MODERNE *Contenant l'Etat de l'Eglise et du Monde sous les deux Empires d'Orient et d'Occident depuis la division jusqu'à celuy de Charlemagne. D. 405.*

| Ans de I.C. | Pontifes et Histoire de l'Eglise | Concil. et Peres | Perse | Empire d'Orient et Continuation de Grece | Empire d'Occident et Continuation de Rome | Histoire de France, et Genealogie de ses Rois et Princes | Histoire d'Espagne | Angleterre et Escosse | Huns. Gots. Vandales. Allemagne. Autres Estats et Variétez en general | Hommes Illustres |
|---|---|---|---|---|---|---|---|---|---|---|
| 395 | Anastase I | [illegible] | 16e année du 40e Roy de Perse | X. Estat de Grece. Arcadius | VI. Estat de Rome. Honorius | Continuation du Ier Etat connu de la France, obscurcie sous les Romains | Continuation du II Etat sous les Romains | [illegible] | [illegible] | Ausonius. Macrobe. Aurelius Victor. Zozyme hist. Sulpice Severe. |
| 398 | | | | | | | | | | |
| 400 | | | | | | | | | | |
| 402 | Innocent I | | Isdegerte I | | | | | | Epag. de St Martin | |
| 407 | | | | | | | | | | Rul. Ancei. Sabel. |
| 409 | | | | Theodose II | | | | | | Fortunatus. |
| 415 | | | | | | | | | | |
| 417 | Zozime | | | | | | | | | |
| 418 | Boniface I | | | | | | | | | |
| 420 | | | | | | Pharamond | | | | |
| 421 | | | Varanes V | | | | | | | |
| 423 | Celestin | | | | Valentinien III | | | | | |
| 425 | | | | | | | | | | |
| 428 | | | | | | Clodion | | | | Cassian. Prospere. Socrate et Sozomene. Palladius. |
| 431 | | | | | | | | | | |
| 432 | Sixte III | | | | | | | | | |
| 440 | Leon | | | | | | | | | |
| 447 | | | | | | Merouée | | | | |
| 450 | | | | Marcian | | | | | | |
| 451 | | | | | | | | | | |
| 454 | | | | | | | | | | Orien de Thebes. |
| 455 | | | | | | | | | | |
| 457 | | | Perozès | Leon | Maxime. Avitus. Majorian. | Childeric I | | | | |
| 461 | Hilaire | | | | | | | | | |
| 467 | Simplice | | | | Anthemius | | | | | Plutarque. Nicolas Rhiseus Philosophe. |
| 472 | | | | Zenon | Anicius Olibrius | | Euric | | | |
| 476 | | | | | VII. Etat. Herules. Odoacer | | | | | |
| 481 | | | | | | Clovis I | | | | Æneas Gazæus. |
| 483 | Felix III | | | | | | | | | |
| 484 | | | Obalas | | | | Alaric II | | | |
| 486 | | | Cavades | | | | | | | Merlin. |
| 491 | | | | Anastase | | | | | | |
| 492 | Gelase | | | | VIII. Etat. Ostrogots. Theodoric | | | | | Sozome de Gaza. |
| 493 | | | | | | | | | | |
| 496 | Anastase II | | | | | | | | | |
| 498 | Symmaque | | Zamasphes ou Blases | | | | | | | Hesichius. |
| 500 | | | | | | | | | | |
| 501 | | | | | | | | | | Simmaque. Boece. |
| 502 | | | | | | | | | | |
| 508 | | | | | | | Gesalic. Amalaric | | | Procl. Mathematicien. |
| 511 | | | | | | Childebert I | | | | |
| 514 | Hormisdas | | | | | | | | | Jean Patrice. Leontius. Phocas. Basile. Thomas. Tribonian. Theophile. Dioscore et Professeurs |
| 516 | | | | | | | | | | |
| 519 | | | | | | | | | | |
| 520 | | | | Justin I | | | | | | |
| 523 | Jean I | | | | | | | | | |
| 526 | Felix IV | | | | Athalaric | | | | | Dorotée Iurisc. |
| 527 | | | | Justinien | | | | | | Isidore Iurisc. |
| 530 | Boniface II | | | | | | | | | |
| 531 | | | Cosroès | | | | Theudis | | | Ican Grammairien. |
| 532 | | | | | | | | | | Simplici. Phil. |
| 533 | | | | | Theodat | | | | | |
| 534 | | | | | | Theodebert | | | | Damasci. Philos. |
| 535 | Agapit | | | | Vitiges | | | | | Procope de Gaza. |
| 536 | Silvere | | | | Theodebalde | | | | | Cassiodore. |
| 540 | Vigile | | | | Ildibalde. Totila | | | | | Priscian gram. |
| 541 | | | | | | | | | | Evagri. hist. |
| 552 | | | | | Teias | | | | | Iornandes hist. |
| 553 | | | | | | | | | | Dracanti. Poete. |
| 554 | | | | | | Clotaire I | | | | Agathias. |
| 555 | Pelage I | | | | | | Athanagilde | | | Marcellin Comte. |
| 562 | | | | | | | | | | |
| 566 | | | | Justin II | | | | | | |
| 568 | | | | | IX. Etat. Lombards. Alboin | | | | | Mahomet naquit à la Mecque. |
| 570 | | | | | Clephes | Cherebert. Gontran. Sigebert. Chilperic | | | | |
| 572 | | | | | | | Liuva I. Leuvigilde | | | |
| 573 | Benoist I | | | | | | | | | |
| 577 | Pelage II | | | | | | | | | |
| 578 | | | | Tibere II | | | | | | |
| 580 | | | Hormisdas III | | | | | | | |
| 582 | | | | Maurice | | | | | | |
| 584 | | | | | Antharit | Clotaire II | | | | |
| 585 | | | | | | | | | | |
| 589 | | | | | | | Recarede I | | | |
| 590 | S. Gregoire | | Cosroès II | | Agilulfe | | | | | |
| 592 | | | | | | | | | | |
| 598 | | | | | | | | | | |

| | | | |
|---|---|---|---|
| 604 | Sabinian | | |
| 606. | Boniface III. 62 Rom. | qui obtint de Phocas le titre d'Evesque universel | Concile a Rome |
| 607 | Boniface IV. 63 | de Valerie … le Pantheon en l'honneur de la Vierge … aujourd'huy N. Dame de la Rotonde. | |
| 610 | | | |
| 613 | | | |
| 614 | Deusdedit I. 70 Rom. | | Marchermite |
| 617 | Boniface V. 71 | qui defendit aux Iuges de faire violence a ceux qui chercheroient un azile dans les Eglises. | Paulin moyne benedictin |
| 622 | | | |
| 626 | Honorius I 72 | … condamné par les actes du VI Concile … pour l'heresie des Monothelites. | Commencement de l'heresie des Monothelites |
| 627 | | | |
| 628 | | | Hesychius |
| 629 | | | Iean Moschus |
| 632 | | | Sophronius |
| 633 | | Le 4e Concile de Tolede tenu en Espagne | S. Maxime |
| 634 | | | |
| 637 | Severin 73 puis Iean IV. 74 de Dalmatie | | Mort d'Isidore de Seville |
| 638 | | | S. Ildefonse |
| 640 | | | Adrien … |
| 641 | Theodore 75 | qui condamna Pyrrhus et Paul Patriarches de CP. persistans de l'erreur des Monothelites … | S. Eugene … Thalasse. S. Eloy |
| 643 | | | Arbogaste Evesq. |
| 644 | | | Pantaleon D. de CP. |
| 645 | | | S. Ouen Ev. de Rouen |
| 649 | Martin I 76 | que l'Empereur Constant irrité de la Condamnation de son Edit fit prendre en Occident et conduire a CP. et de la releguer dans la Chersonese ou il mourut d'un long martyre. | |
| 653 | | | |
| 654 | Eugene I 77 | | |
| 655 | Vitalien 78 | … qui travailla avec beaucoup de soin pour le bien et l'avantage de l'Eglise … auprès de l'Empereur Constant … | |
| 661 | | | S. Menfort … |
| 662 | | | |
| 663 | | | Cuthbert |
| 664 | | | |
| 666 | | | Beda moine |
| 668 | Adeodat II. 79 | Moyne Benedictin Romain. | |
| 676 | Donus I 80 | | Cesaire abb. de Lerins |
| 678 | Agathon 81 | | |
| 680 | | | VI. Concile gen. 3 CP. contre les Monothelites |
| 683 | Leon II 82 | | |
| 684 | Benoist II 83 | | Smaragdus abbé |
| 685 | Iean V. 84 | | Kilian Evesq. |
| 686 | Conon 85 | de Thrace puis Sergius I 86 Syrien | S. Sebas … Theodore … |
| 689 | | | Pierre … |
| 694 | | | |
| 697 | | | |

…

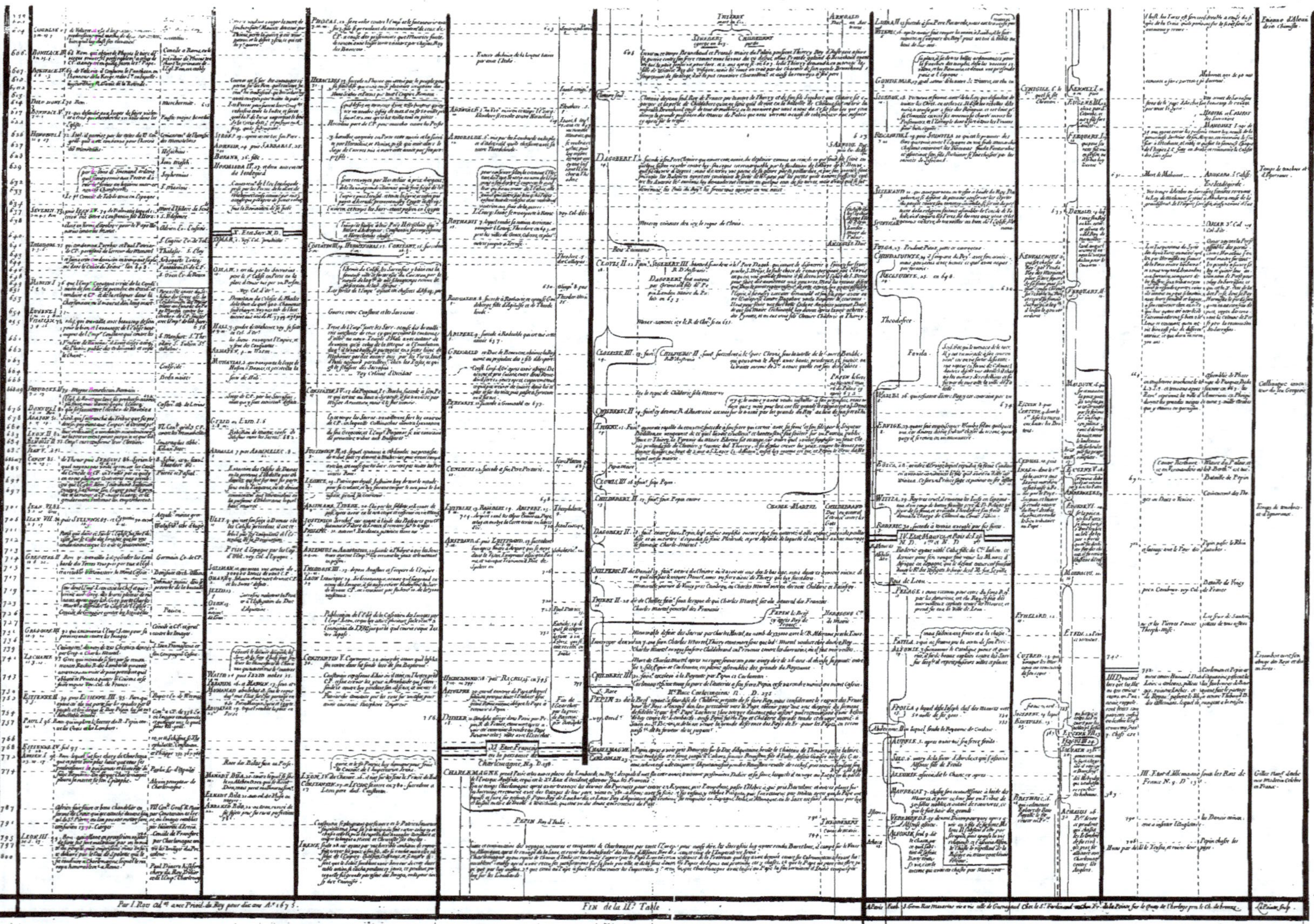

Par I. Rou … avec Privil. du Roy pour dix ans Ao 1675.

Fin de la IIe Table

A Paris … Chez le Sr Ferdinand … Pre. … Quay de l'horloge …

… sculp.

# III. TABLE de l'HISTOIRE UNIVERSELLE MODERNE Contenant l'Estat de l'Eglise et du Monde sous l'Empire de CHARLEMAGNE et ses descendans jusqu'à celuy de BAUDOUIN ou des Latins et François en Grece en l'an 1204. D 404 ans.

| Ans de J.C. | Pontifes Romains | L'EGLISE 5.e année des 20 de Leon III | Peres | PERSE | Empire d'ORIENT | Allemagne ou Emp.r d'Occid. | FRANCE et Genealogie de ses Roys et Princes | | LEON | CASTILLE | NAVARRE | ARRAGON | ANGLETERRE | ESCOSSE | POLOGNE | SUEDE | DANEMARK | Autres Estats, Epoques, et Varietez | Hommes Illustres |
|---|---|---|---|---|---|---|---|---|---|---|---|---|---|---|---|---|---|---|---|
| [illegible] | [illegible] | [illegible] | [illegible] | [illegible] | [illegible] | [illegible] | [illegible] | [illegible] | [illegible] | [illegible] | [illegible] | [illegible] | [illegible] | [illegible] | [illegible] | [illegible] | [illegible] | [illegible] | [illegible] |

Fin de la troisieme Table.

Par I. Rou. Int[r] avec Privilege du Roy pour dix ans A.° 1675.

A Paris Fauxbourg S. Germain, Rue Mazarine ou des 4 Nations vis a vis celle de Guenegaud chez les S[r]. Ferdinand et chez F. de la Pointe proche le Pont Neuf

F. de la Pointe sculp.

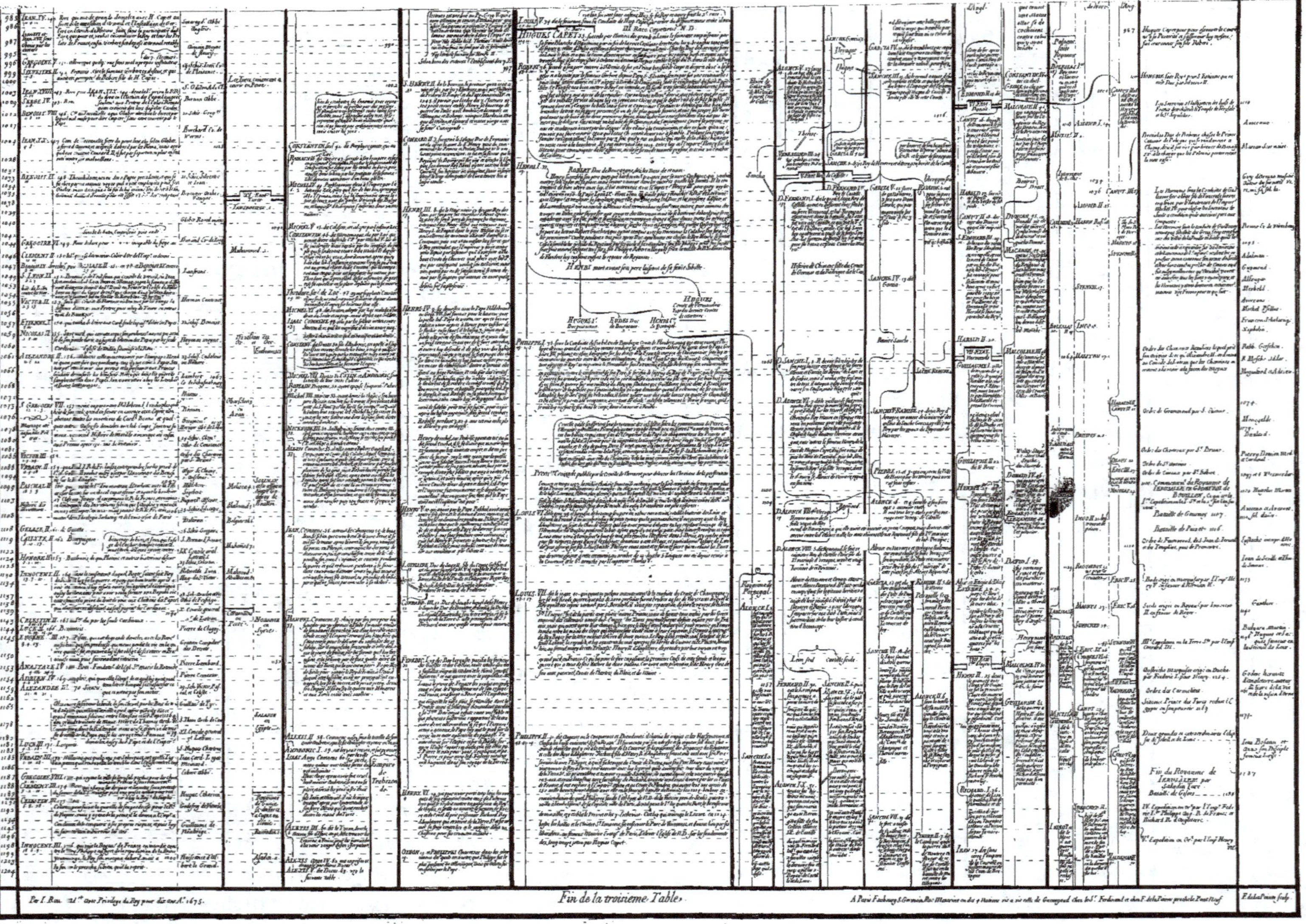

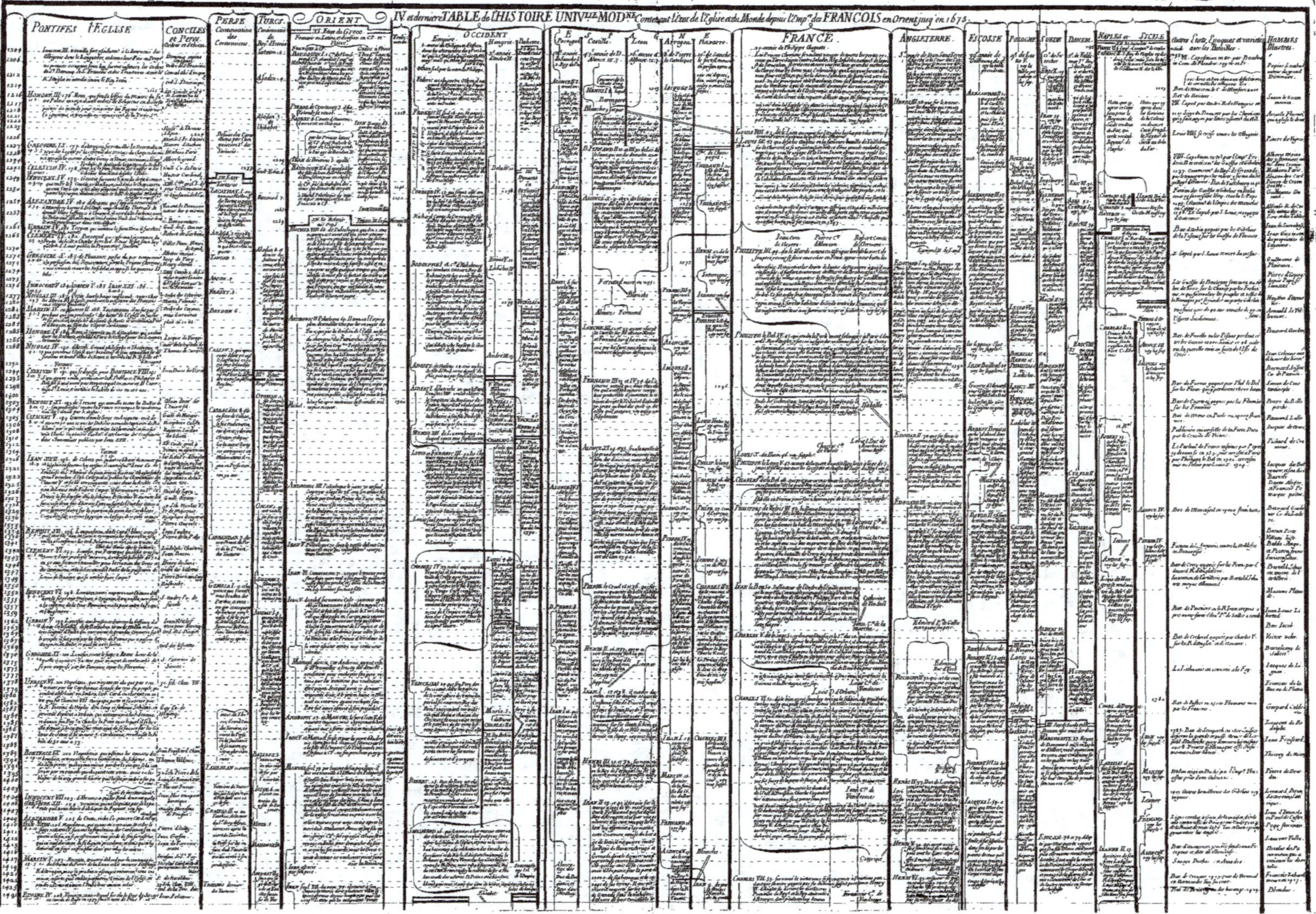

# IV. et derniere TABLE de l'HISTOIRE UNIV.elle MOD.ne Contenant l'Etat de l'Eglise et du Monde depuis l'Emp.r des FRANCOIS en Orient jusq. en 1675.

| PONTIFES l'EGLISE | CONCILES et Peres. Ordres et Schism. | PERSE Continuation des Coramneus. | TURCS. Continuatio de Roy. d'Iconie | ORIENT — XI. Etat de Grece. Francois en Latins, et division en CP. et Grece. | OCCIDENT — Empire. Hongrie. Boheme. | ESPAGNE — Portugal. Castille. Leon. Arragon. Navarre. | FRANCE. | ANGLETERRE. | ESCOSSE | POLOGNE | SUEDE | DANEM. | NAPLES et SICILE | Autres Etats, Epoques et varietes avec les Batailles. | HOMMES Illustres. |
|---|---|---|---|---|---|---|---|---|---|---|---|---|---|---|---|
| 1204 Innocent III. travailla fort ... à la conversion des Albigeois dans le Languedoc ... | | | | Francois à CP. Baudouin I. ... | 1.re année de Philippe ... | ... | 25.e année de Philippe Auguste. | 5.e année de Jean Sans Terre. | 39.e année de Guillaume ... | 9.e de Lesko V. | | | | | |

**Hommes Illustres.**

Papias Lombard auteur du grand Dictionnaire.
Saxon le Grammairien.
Accurse Florentin qui a glosé le droit.
Pierre des Vignes.
Albert moine ...
Mathieu Paris.
Alexandre ...
Pierre de Cremone.
Guillaume Durand.
Alfonse R. de Castille, auteur des Tables.
Jean de Sacrobosco.
Jean Goya ...
Guillaume de Plaisance.
Pierre d'Espagne ...
Hayton d'Armenie.
Arnauld de Villeneuve.
Bernard Gordon.
Jean Colonne ...
Bernard ...
Simon de Constantinople.
Pierre de Belleperche.
Raimond Lulle.
Jacques de Cresc.
Richard de Cremone.
Jacques de Bel ...
Dante Aligier, et François Petrarque poëtes.
Bernard Guidonis ...
Bocace ...
Balde Ange. et Pierre ...
Bertold Schwartz inventeur de l'artillerie.
Maxime Planude.
Jean Louis Libertad.
Bon Jacob.
Victor ...
Barthelemy de Salicet.
Jacques de Lignan.
François de la ...
Gaspard Calderin.
Laurent de Rodolphe.
Jean Froissard.
Thierry de Niem.
Pierre de Dreuden.
Leonard Bruni ...
Jean d'Imola et Paul de Castre.
Poge florentin.
Laurent Valle.
Nicolas de ...
François Zabarelle ...
Blondus.

| | |
|---|---|
| Bataille Navale perdue par l'Esp. de Venise par Ofphorus Roy de Castille. | Campan et Fr. Lascaris. |
| Invention de l'Imprimerie par Jean Fust ou par Jean Gutemberg. | Louis Pontan. |
| Funeste Bataille de Varnes en 144. | Guide Pape. |
| Funeste Bat. de Cosovie. 145 | Bart. Capella. Jean Muller dit Monreal. |
| Bat. de Formigni gagnée en 1450 par les François sur les Anglois. | |
| Corinthe prise, et Morée rendue tributaire par Mahomet. | Amb. Calepin. Angelinus. M. Ficin. |
| Bat. de Montlhery. | Mort de Laurent Valle. Alex. d'Alexandre. |
| Bat. de Morat. | Theodore de Gaza. Colombe. |
| Ba. de Guinegate ou journée des Esperons. | Jean Pic de la Mir. |
| | Georges de Trebizonde mort. |
| Bat. de St. Aubin. | |
| Decouverte des Indes Occid. par Christ. Col. | Rob. Gaguin. |
| Bat. de Fornoue. | Geor. Merula m. Ange Politien. |
| Dernieres guerres des Guelphes et Gibelins. voy. Rer. Temp. pag. 402 | Polid. Vergile. Raph. Volaterr. |
| 1500. Decouverte de l'Amerique par Americ Vespuce. | Bap. Mantuan. |
| B. d'Aignadel sur les Venitiens, puis de Ravenne en 1512 sur les Italiens. | Sabellic mort. Phil. de Comines m. |
| Bat. de Marignan sur les Suisses. | Trithemius m. |
| B. de la Bicoque, ou perte de tout le Milan par les François contre Charles V. | Fr. Pic de la Mirandole. Sannazar. Raph. Volater. |
| B. de Pavie, ou Prise de Fr. I^er^. | Alde Manuce. |
| | P. Emile. Scaliger. Erasme mort. |
| Bat. de Cerisoles sur Charles V. | Jean Fernel. |
| Bat. de Renty sur Charles V. | Paul Jove. |
| Ba. de S. Quentin, ou journée de S. Laurent. | Copernic. Cardan. Vatable. |
| B. de Dreux. Turin et plusieurs places de Piemont rendues au Duc de Savoye. | |
| B. de S. Denis, puis de Jarnac et de Moncontour. | |
| B. de Lepante 1571. et l'an suivant Massacre de la S. Barthelemy. | Juste Lipse. Tycho Brahé. Cujas m. en 1590. |
| 1578. B. de Gemblours gagnée sur les Provinces par D. Jean d'Autriche. | Jul. Scaliger. A. Thevet. Ronsard. |
| Bat. de Coutras et d'Auneau. | Baif. |
| Bat. d'Ivry gagnée par Henry IV. et la Ligue en plusieurs autres. | P. Mercator. |
| Paix de Vervins entre Fr. et Esp. en 1598 | |
| Michel Duc des Valaques bat les Polonois et reprend Moldavie et l'an suivant Bethlen Gabor deffait Batory et occupe la Transylvanie en 1612. | |
| B. de Prague perdue par le P. Palatin. | |
| Prise de Breda par le Marq. de Spinola après 9. mois de Siege. | |
| B. de Lipsic en 1631. puis de Lutzen en 1632. où le R. de Suede est tué, et de Nordlingue 1634. et d'Avein 1635. | |
| B. de Rocroy et Combats de Friberg 43. et 44. puis de Norling 45. | |
| B. de Lens 48. suivie de la Paix de Munster. | |
| Bataille de Retel 1650. | |
| Les Venitiens battent les Turcs aux Dardanelles. | |
| 1660. les Suedois assiegent Copenhague et il y eut un furieux Combat entre eux et les Danois. | |
| 1663. Diete de Ratisbonne. | |
| Prise de Candie par les Turcs après 20. ans de Guerre. Glorieuses conquestes de Louis le Grand en Flandre, Hollande, Lorraine, Franche Comté, Allemagne et Sicile. | |

FIN.

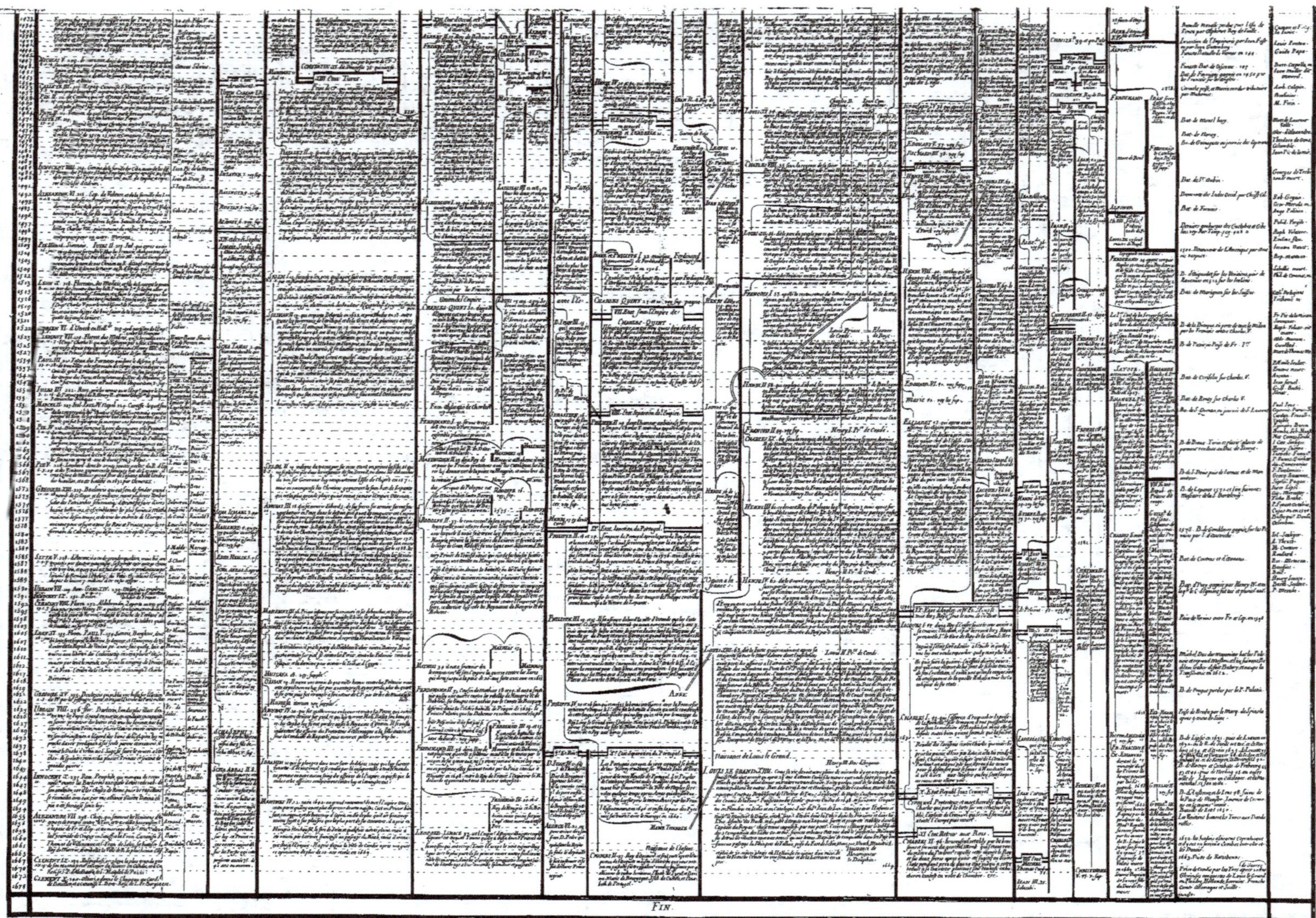